华交法学文库

KUAGUO BINGGOU
FANLONGDUAN SHENCHAZHONG
HEBING JIUJI ZHIDU YANJIU

跨国并购反垄断审查中合并救济制度研究

宋婷 魏建萍◎著

中国政法大学出版社
2024 · 北京

图书在版编目（CIP）数据

跨国并购反垄断审查中合并救济制度研究 / 宋婷，魏建萍著.
北京 ：中国政法大学出版社，2024. 8. -- ISBN 978-7-5764-1597-1
Ⅰ. F279.247
中国国家版本馆CIP数据核字第2024VJ3227号

出版者　中国政法大学出版社
地　址　北京市海淀区西土城路 25 号
邮　箱　fadapress@163.com
网　址　http://www.cuplpress.com (网络实名：中国政法大学出版社)
电　话　010-58908435(第一编辑部) 58908334(邮购部)
承　印　固安华明印业有限公司
开　本　880mm×1230mm　1/32
印　张　8
字　数　179 千字
版　次　2024 年 8 月第 1 版
印　次　2024 年 8 月第 1 次印刷
定　价　49.00 元

作者简介

宋　婷　中国政法大学法学学士、国际法硕士和国际法博士。现任华东交通大学人文社会科学学院（江西省知识产权学院）专任老师，知识产权法和经济法硕士研究生导师。

主持江西省高校人文社科重点研究基地项目《国际贸易中知识产权保护研究》和横向课题《尼泊尔投资环境研究》；参与多项国家社科基金项目、参与《关于加强知识产权强省建设的行动方案（2022-2035年）》《南昌市知识产权强市建设纲要（2021-2035年）》《国家知识产权试点城市验收（抚州市）》等课题，发表学术论文10余篇。

主要研究方向：国际经济法、版权法。

魏建萍　硕士。现就职于华东交通大学马克思主义学院，任专职思政课（思想道德与法治教研室）教师。参与国家社科基金项目2项，参与江西省社会科学研究规划项目等省级项目4项。

研究方向：思想道德与法治。

前　言

对符合一定标准的并购交易进行反垄断审查，是各国反垄断执法机构的三大执法活动之一。随着经济全球化的发展，竞争已经不再局限于一国境内，企业越来越多的参与国际竞争，反垄断法自然也放宽了国内市场上对垄断的限制，尤其是对国内企业并购的限制，只要能提高企业的国际竞争力又不严重妨碍国内市场竞争的，政府一般都会持宽容态度，不加以干预。因此，各个国家的反垄断执法对跨境并购，尤其是外资企业并购国内企业的反垄断审查特别重视。

跨国并购在带来垄断危险的同时，能够推动资金、技术、设备、劳动力等生产经营要素在全球范围内的合理调配，极大地提高资源利用效率，给企业、社会和消费者带来利益。跨国并购的两面性决定了对其不能简单地予以禁止，而是应当趋利避害，既要努力防止和消除跨国并购导致的排除或限制竞争的效果，又要充分发挥其有利的一面。因此，各国反垄断执法机构都努力寻求一种介于无条件批准跨国并购和禁止跨国并购之间的方法，合并救济[1]制度就是满足这种需求的产物。

本书从国际视角，以美国、欧盟等反垄断法比较健全的法域中关于合并救济制度的立法和实践为基础，同时也参考了很多专家、学者的既有研究成果，尝试着对合并救济法律问题进行系统的研究和论述，旨在通过学习和总结欧美国家合并救济制度的相关规定，指导和完善我国反垄断立法以及商务部反垄断局的经营者集中附加限制性条件执法。本书的体系围绕合并救济制度展开，系统地论述了合并救济制度的理论基础、合并救济措施的设计和选择，合并救济措施的实施及监督，我国经营者集中附加限制性条件立法及商务部反垄局的执法情况，最后回归到如何健全和完善我国的合并救济制度。

关于跨国并购反垄断审查概述，分为二节：第一节是跨国并购概述，介绍了跨国并购的概念，跨国并购的类型；第二节是跨国并购反垄断审查概述，分析了跨国并购反垄断审查的必要性、审查的模式、审查的程序，这一节中尤其突出了审查的程序这部分内容，通过流程图的方式描述了跨国并购反垄断审查程序，并在其中标示出合并救济可能出现的环节，能够让读者对于合并救济产生清晰、直观的印象。

关于合并救济制度的理论分析，分为三节：第一节介绍了合并救济制度的内涵、性质、产生和存在的基础、价值；第二节阐述了合并救济程序的启动，包括启动的前提条件、主体、时间以及方式；第三节介绍了合并救济措施的类型、合并救济方案的设

〔1〕 合并救济，英文为 Merger Remedies，中文也译作“合并补救”，我国反垄断法中称为“经营者集中附加限制性条件”。

计以及评估。

关于合并救济措施的具体实施。这一章基本上是从程序的角度进行阐述的，跨国并购反垄断审查是行政执法行为，只有保障程序正当合法，才能避免出现行政机关滥用自由裁量权的问题。本章分为三节：第一节和第二节分别围绕着结构性救济措施，即资产剥离以及行为性救济措施的具体实施来展开；第三节是并购经营者不履行合并救济承诺的法律责任，只有这样，才可能促使经营者积极主动地履行承诺。

关于跨国并购反垄断审查中合并救济制度其他相关问题的进一步探讨。分为两节：第一节是反垄断司法审查，也有学者称之为“合并救济的再救济”，这个制度的存在，能够有力地监督反垄断执法机构依法行政。第二节是跨国并购反垄断审查国际协调与合作，介绍了跨国并购反垄断审查国际协调与合作的必要性、基本原则、成功案例等。

关于中国跨国并购反垄断审查中合并救济制度的立法、执法概况，以及健全和完善该制度的建议。本部分是笔者最看重的部分。分为了三节：第一节是介绍我国合并救济制度的立法和执法现状；第二节是对我国合并救济制度立法和执法的反思。只有看到不足，才能更好地进步；第三节是健全和完善我国跨国并购反垄断审查中合并救济制度的建议，包括完善立法内容，建立、健全反垄断司法审查制度，加强国际协调与合作等。

在最后一部分，本书在博士论文完成 9 年后，增加了第六章，中国跨国并购反垄断审查合并救济措施的后续追踪部分，主要是针对行为性救济措施的变更（解除）的追踪。从以下四个方面展开：第一、复审条款前置性与行为性救济措施的期限；第二、行为性救济措施变更（解除）时间；第三、行为性救济措施变更（解除）程序；第四、变更（解除）行为性救济措施的方式。

目　录

导　言

一、选题的背景

20 世纪 90 年代以来，跨国公司为了进一步拓展全球市场，提高其国际竞争力，更加推崇跨国并购这样一种企业扩张的形式，这一种并购的最大特点是：跨国并购占并购交易总额的很大一部分，并购交易额也不断创新高，以“强强联合”为主，代替“强弱联合”；而且，涉及面广，几乎涉及所有重要产业。

跨国并购涉及多方面的法律问题。首先，外国投资法方面的法律问题，包括跨国并购方的国际投资待遇问题，出资比例问题以及外资并购的市场准入问题，目前各个国家正在通过完善外商投资法，签订双边以及多边投资协议来解决这些问题，而且已经取得了重大进展。其次，跨国并购也涉及公司法方面的法律问题，包括外资并购中的公司资本、股份转让以及保护中小股东权益等法律制度。最后，跨国并购还涉及了反垄断法方面的问题，各个国家的反垄断执法机构对于跨国并购对国内竞争的负面影响都非常关注，跨国并购反垄断规制已经成为各国反垄断法的一项重要的内容。鉴于在这三个方面，跨国并购反垄断审查对于中国来说是个新事物，立法和执法经验都不成熟，因此，本书选取跨境并购反垄断审查作为研究的主题。

二、选题的意义

跨国并购能够推动资金、技术、设备、劳动力等生产经营要素在全球范围内的调配，极大地提高资源利用效率，给企业、社会和消费者带来利益，但是也会带来垄断危险。跨国并购的两面性决定了对其不能够简单的予以禁止，而是应当趋利避害，既要努力防止和消除跨国并购导致的排除或限制竞争的效果，又要充分发挥其有利的一面。因此，各国反垄断执法机构都努力寻求一种介于允许跨国并购和禁止跨国并购的方法，合并救济制度就是满足这种需求的产物。目前世界主要法域的反垄断执法机构对于并购案件都是无条件批准或者附加合并救济措施批准，很少直接禁止并购案件。欧美国家关于合并救济的立法和执法都已经比较成熟。我国从 2008 年《反垄断法》[1] 生效实施后，也加快了合并救济的立法和执法的步伐。《反垄断法》第 29 条规定了对于不予禁止的并购，反垄断执法机构可以决定附加限制性条件，这是我国反垄断审查中合并救济制度的法律来源和依据。随后，商务部反垄断局也出台了一系列的部门规章，如《经营者集中审查办法》（已失效）[2]、《关于实施经营者集中资产或业务剥离的暂行规定》（已失效，以下简称《剥离暂行规定》）、

〔1〕《中华人民共和国反垄断法》于 2022 年修订，2022 年 8 月 1 日起施行，但由于本文形成于 2014 年年底，因此除特殊说明外，本书中的《反垄断法》为 2008 年版。

〔2〕 该办法于 2009 年施行，2021 年废止，《经营者集中审查规定》经国家市场监督总局通过，2023 年 4 月 15 日起施行。本书所涉内容均为 2009 年该办法。

《商务部关于经营者集中附加限制性条件的规定（试行）》[1]（已失效，以下简称《附加限制性条件的规定（试行）》）。从整体而言，我国合并救济立法体系并不健全。执法方面，自从2008年《反垄断法》实施以来，截至2014年12月31日，中国商务部共受理了990个并购申报案件，其中，无条件批准的并购案件有964件，禁止并购2件，其余的24件为附加限制性条件通过[2]。因此，针对合并救济法律问题的研究，具有极强的理论和实践意义。

第一，通过研究欧美等法域中成熟的合并救济制度，有助于完善我国的经营者集中附加限制性条件理论体系。合并救济作为并购反垄断审查的重要一环，完善合并救济也有利于完善我国反垄断法体系。

第二，通过分析介绍欧美国家的合并救济执法实践，同时分析中国反垄断执法状况和不足，也能够指引我国商务部反垄断执法机构更好地开展执法活动，完善执法程序。

第三，随着“十二五”《规划纲要》提出加快实施“走出去”战略，我国企业海外并购发展迅速，但是走得并不顺利。2009年中国企业跨国收购的失败率为全球最高，达到12%；2010年，这一比率降至11%，但仍然是特别高的。同年，美国和英国的数据

---

〔1〕 该《试行》于2021年废止。

〔2〕 这些数据是根据商务部公布的数据计算而来，截至2012年第三季度，商务部共受理并购申报474件，其中无条件批准的并购为458件，再加上2012年第四季度，以及2013、2014年各个季度的无条件批准的案件共506件，所以无条件批准的案件数为964件，加上公告的26件无条件批准或者禁止并购的案件，商务部截至2014年12月31日共受理990件案件。

分别仅为2%和1%,[1] 这不得不引起我们的深刻反省。这里的并购失败率是指被撤回、拒绝或过期失效的交易占全部已公告跨国并购交易的比率。这其中很大一部分是由于国家安全审查和反垄断审查的原因而失败。因此,通过研究合并救济的理论和实践,能够帮助我国企业对跨国并购反垄断审查做好充分的准备,包括心理准备和知识准备,收到外国反垄断执法机构的异议说明书时,积极应对,提出适当的合并救济措施,争取出境并购反垄断审查的顺利通过。

第四,中国作为世界经济大国,已经成为跨国并购反垄断规制的一支重要力量,律所 Jones Day 的反垄断专家 Peter Wang 接受路透社采访时说道:"中国已成为跨国企业进行重大并购交易时的重要关注对象之一。"很多跨国并购需要同时在中国以及其他许多国家同时申报,如果我们不能做到与国际接轨,可能做出与别的国家相冲突的审查决定,长久如此,必然遭受国际社会的指责。

三、研究现状

(一)国外研究现状

尽管美国1890年就制定了第一部反垄断法《谢尔曼法》,但是合并救济制度也是一个相对较新的研究方向,其主要原因在于,合并救济制度存在的基础是企业合并预先申报制度。

反垄断审查中合并救济制度的研究已经日益成为国外反垄

---

〔1〕 梁雷:《中国海外利益面临的主要威胁与保护对策》,载《时代金融》2012年第21期。

断法专家和学者研究的重点领域，也涌现了很多优秀的研究成果，尤其是各国反垄断执法机构以及国际组织在其中发挥了重要的作用。最早对合并救济制度进行系统研究的是1999年美国联邦贸易委员会的《委员会资产剥离程序研究》（A Study of the Commission's Divestiture）；其后，经济合作与发展组织（OECD）在2003年发布了《合并救济政策圆桌会议》（Policy Roundtable Merger Remedies）；国际竞争网络组织（ICN）在2005年也发表了《合并救济审查报告》；英国竞争委员会分别于2008年、2012年先后发布了《关于合并救济的案例研究报告》（Understanding Past Merger Remedies：Report on Case Study Research）；加拿大竞争局于2011年发布了《竞争局合并救济研究报告》（Competition Bureau Merger Remedies Study）。[1] 美国律师协会反垄断分会编写了介绍当今美国反垄断理论和实务的系列丛书，目前已由我国商务部反垄断局组织翻译，并出版。

在理论著作中，美国大法官波斯纳的《反托拉斯法》、安德雷斯·冯特等写的《欧盟企业合并控制法律制度：法律、经济与实践分析》都是比较有影响力的著作，但是都是从反垄断法、企业并购控制等大范畴进行研究的，不是关于并购救济制度的专著。Stephen Davies and Bruce Lyons 的 *Mergers and merger remedies in the EU：assessing the consequences for competition* 则更多的是从经济分析的角度去分析合并救济措施对竞争的影响，是一本经济学著作。

关于合并救济制度的研究论文也有不少，Logan M. Breed and David J. Michnal, Merger Remedies：The DOJ's New Guide to

〔1〕 韩伟：《经营者集中附条件法律问题研究》，法律出版社2013年版，第2页。

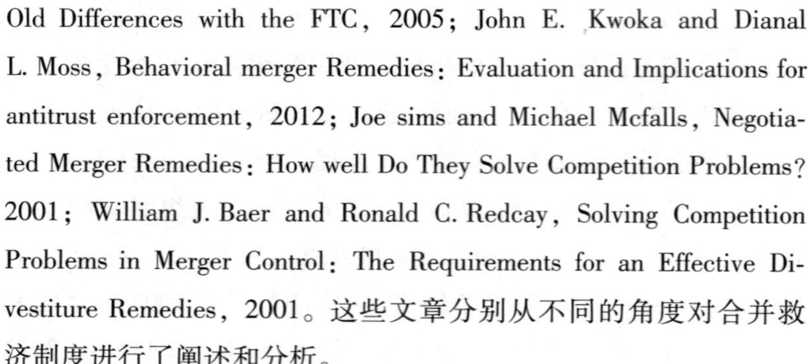

Old Differences with the FTC, 2005; John E. Kwoka and Dianal L. Moss, Behavioral merger Remedies: Evaluation and Implications for antitrust enforcement, 2012; Joe sims and Michael Mcfalls, Negotiated Merger Remedies: How well Do They Solve Competition Problems? 2001; William J. Baer and Ronald C. Redcay, Solving Competition Problems in Merger Control: The Requirements for an Effective Divestiture Remedies, 2001。这些文章分别从不同的角度对合并救济制度进行了阐述和分析。

（二）国内研究现状

虽然我国《反垄断法》从2008年才开始生效实施，但是国内学者很早就开始了对反垄断法的研究，在中国政法大学图书馆的官网上输入“反垄断法”检索，2008年前出版的有20多本，最早的是1996年曹士兵的《反垄断法研究：从制度到一般理论》；其他的还有1998年张瑞萍的《反垄断法理论与实践探索》、王晓晔的《反垄断法与市场经济：“中德反垄断法比较研讨会”》、2001年孔祥俊的《反垄断法原理》、2002年黄勇等的《反垄断法经典判例解析》、2006年游劝荣的《反垄断法比较研究》等。而输入“企业合并反垄断规制”或“经营者集中”等相关关键词搜索，目前查找到的2008年前的只有王为农2001年的《企业集中规制的基本法理：美国、日本及欧盟的反垄断法比较研究》、卫新江2005年的《欧盟、美国企业合并反垄断规制比较研究》。可见，在这段时间内，我国学者的反垄断法研究主要是对整个反垄断法的理论体系进行架构，还没有开始对其中的分支制度展开很多研究，因此，关于并购反垄断规制的研究也就较少。

2008 年后，随着我国商务部对并购反垄断审查的开展，开始有学者对合并救济进行简单的研究，这些研究仍然只是作为反垄断法整体研究的一小部分，例如，王晓晔 2011 年《反垄断法》，讨论了可接受救济措施的原则，救济措施的种类以及实施。韩立余老师 2011 年的《经营者集中救济制度》是我国国内首部对合并救济进行系统论述的专著，作者分章节研究了什么是经营者集中的救济制度？评估经营者集中救济措施应遵循什么原则？经营者集中救济措施主要有哪些类型？采取经营者集中的前提条件是什么？跨国经营者集中救济存在的突出问题及解决方法是什么？但是，余老师的研究还是比较原则性的，更多的是本书第二章的一般理论分析，对于合并救济措施的具体实施、变更以及监督等没有涉及。更新一点的研究专著有应品广的《经营者集中的效率抗辩法律问题研究》（吉林大学出版社，2011）、丁茂中《经营者集中控制制度中的资产剥离问题研究》（上海社会科学院出版社，2013）、韩伟《经营者集中附条件法律问题研究》（法律出版社，2013）、刘武朝《经营者集中附加限制性条件制度研究——类型、选择及实施》（中国法制出版社，2014），以上这些专著都对本书的写作有很大的启发和帮助。

关于合并救济制度，国内专家和学者的文章主要有以下这些：张东 2013 年《经营者集中申报前商谈制度比较研究》；丁茂中 2011 年《资产剥离机制解决竞争问题的有效性探析》；金美蓉 2014 年《合并救济中资产剥离的选择》；刘武朝 2013 年《论经营者集中附限制性条件执行争议的仲裁适用》；韩伟 2013 年《企业合并反垄断审查中的行为救济》；此外，也有很多高校毕业论文对这个制度进行研究，例如，辽宁大学袁日新 2010 年的博士毕业论文《经营者集中救济研究》，中国政法大学綦赞超 2011 年的硕士论文《我国合并救济制度研究》；中国社会科学院王小梅的《反垄断司法审查管辖研究》，这些论文研究得都比较全面，有的也比较有理论深度，因此，非常值得本书借鉴。

四、研究方法

（一）文献资料法

美国、欧盟关于合并救济制度的法律文本内容特别健全和详细，例如，《联邦贸易委员会竞争局关于并购救济谈判问题的声明》，旨在为有关并购救济谈判问题提供指引。该声明谈及了下列领域中发生的问题：①应当剥离的资产；②合格的买方；③资产剥离协议；④附加命令协议；⑤保持独立或资产维护命令；⑥资产剥离申请；⑦时间安排。美国司法部《并购救济指南》有 2004 年版本和 2011 年版本，这个不仅体现了美国司法部关于合并救济方面的态度转变，更体现了合并救济制度发展的方向。这个指南非常详细地论述了并购的类型、合并救济措施的类型、合并救济措施的实施—实践方面的考虑、合并救济承诺的遵守。《欧盟最佳操作指南》是为申报方在提交救济措施时提供指引，其中包含了与资产剥离和受托人选任有关的所有标准。标准范本的运用将确保不同案件救济结果的一致性，从而为向委员会提交承诺的并购申报方提供更高水平的透明度和法律确定性。通过对他们的文本进行研究，能够获得关于合并救济制度非常深刻的认识。

（二）案例分析法

反垄断审查从本质上来说是行政行为。行政机关享有自由裁量权，因此，对于申报方提交的合并救济措施，反垄断执法机构会根据每个申报案件的具体情况，同时结合当时的经济和市场环境来决定其是否能够消除并购带来的反竞争效果。因此，每个案例都会适用不同的合并救济措施，即使是相同的案件，如果市场环境发生了改变，反垄断执法机构应该应当事人的请求变更、修改或取消合并救济措施。而且，采用案例分析的方法能够使合并救济理论浅显易懂。

（三）对比的研究方法

尽管美国、欧盟的合并救济制度已经很完善，但是通过对比，明显发现欧盟的行政主导的反垄断审查模式与我国反垄断审查模式相同，因此，对美国相关的规定要进行扬弃式的学习。即使我们在借鉴欧盟的相关经验时，同样要用对比的分析方法，考虑中国的实际，找出我们和他们不同的地方，而不能照搬。

（四）经济的分析方法

反垄断法是与经济最密切相关的，离开经济学研究成果的支撑，反垄断立法、执法效果都会大打折扣。限于学科专业问题，本人在文章写作过程中，无法对一些经济分析数据进行透彻的讲解。因此，经济分析主要是涉及一些经济学思想，如哈佛学派、芝加哥学派等，阐述这些经济学思想对反垄断审查、结构性救济措施和行为性救济措施的影响。

五、文章创新之处

1. 关于受托人问题

在资产剥离实施过程中，在受托剥离阶段，剥离受托人将在

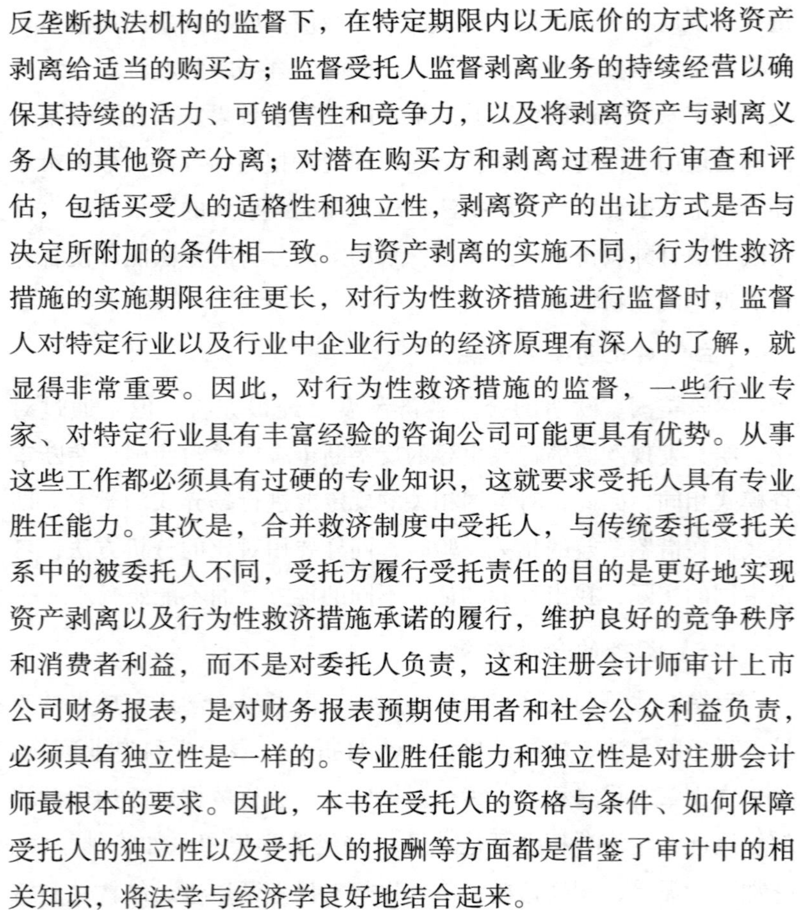

反垄断执法机构的监督下，在特定期限内以无底价的方式将资产剥离给适当的购买方；监督受托人监督剥离业务的持续经营以确保其持续的活力、可销售性和竞争力，以及将剥离资产与剥离义务人的其他资产分离；对潜在购买方和剥离过程进行审查和评估，包括买受人的适格性和独立性，剥离资产的出让方式是否与决定所附加的条件相一致。与资产剥离的实施不同，行为性救济措施的实施期限往往更长，对行为性救济措施进行监督时，监督人对特定行业以及行业中企业行为的经济原理有深入的了解，就显得非常重要。因此，对行为性救济措施的监督，一些行业专家、对特定行业具有丰富经验的咨询公司可能更具有优势。从事这些工作都必须具有过硬的专业知识，这就要求受托人具有专业胜任能力。其次是，合并救济制度中受托人，与传统委托受托关系中的被委托人不同，受托方履行受托责任的目的是更好地实现资产剥离以及行为性救济措施承诺的履行，维护良好的竞争秩序和消费者利益，而不是对委托人负责，这和注册会计师审计上市公司财务报表，是对财务报表预期使用者和社会公众利益负责，必须具有独立性是一样的。专业胜任能力和独立性是对注册会计师最根本的要求。因此，本书在受托人的资格与条件、如何保障受托人的独立性以及受托人的报酬等方面都是借鉴了审计中的相关知识，将法学与经济学良好地结合起来。

2. 将反垄断司法审查与合并救济制度结合起来论述

反垄断司法审查作为对合并救济的再救济，对于监督反垄断执法机构依法行政，防止反垄断执法机构滥用行政裁量权是非常有帮助的。没有救济的权利不是真正的权利，提出合并救济措施是并购申报者的一项权利，如果不能通过司法审查保障这项权利的行使，那么反垄断行政执法权就变得不受监督了。

3. 将理论与实践相结合

对我国截至 2014 年 12 月 31 日商务部附加限制性条件批准经营者集中的立法和执法状况进行了系统的梳理，指出了其中存在的主要问题，并结合欧美相关的经验，提出了一系列的健全和完善我国相关制度的建议。

第一章　跨国并购反垄断审查概述

第一节　跨国并购的一般原理

一、跨国并购的概念

跨国并购是世界经济全球化和一体化的重要组成部分和表现形式之一，是随着经济的发展，尤其是国际直接投资的盛行，由国内并购这一并购的传统形式发展而来的。[1]

跨国并购，从字面上理解，很直观的解释就是跨国合并与跨国收购的结合体，也有很多学者表达为跨国兼并与跨国收购。因此，分歧主要是使用合并还是兼并来表达。笔者认为表达为跨国合并与跨国收购更符合跨国并购的本质。我国最早对企业兼并做出明确界定的法规性文件，是 1989 年的《关于企业兼并的暂行办法》，该文件明确规定了兼并的定义[2]。从脚注中兼并的定义可以看出，兼并是一个企业吞并另一个企业的行为，而从跨国并购

〔1〕 马金城：《跨国并购的效率改进研究》，东北财经大学出版社 2006 年版，第 23 页。

〔2〕 企业兼并是指一个企业购买其它企业产权并使其他企业失去法人资格或改变法人实体的行为。

来看，目标并不一定是吞并目标企业，因此，兼并这一含义显然不符合跨国并购的初衷。另外，根据联合国贸发会《2000 年世界投资报告》的规定，跨国并购分为跨国合并和跨国收购，跨国合并包括平等合并和法定合并，[1] 这里的法定合并（只有一家公司继续存在，承担不再是法人实体的另一家公司的全部债务和股权）即前文所指的兼并。我国公司法也规定了两种类型的企业合并（新设合并和吸收合并），这里的吸收合并即兼并。因此，跨国合并是原来属于不同国家的企业的资产或业务被组合成一个法人。[2] 这个法人可以是并购方本身，也可以是一个独立的新设法人。并购者所在的国家是母国，而目标企业所在的国家是东道国。

跨国收购，是指东道国目标企业的经营和管理的控制权转移到母国收购公司的手中，根据联合国贸发会的规定，跨国收购可以是少数股权收购（10%~49%），也可以是多数股权收购（50%~99%），甚至是全额收购。[3]

跨国合并和跨国收购存在密切的联系，都是企业外部扩张的手段，目的都是获得目标企业的控制权，但是，这二者之间也有着重大的区别。首先，法律行为的主体不同，跨国合并的主体是两个独立的法人，而跨国收购的主体为收购者和目标企业的股东。其次，适用的法律不同，跨国合并是《公司法》规范的内容，而且一般要经公司股东大会批准通过，而跨国收购主要是受

---

〔1〕 联合国贸易与发展会议编，冼国明总译校：《2000 年世界投资报告：跨国并购与发展》，中国财政经济出版社 2001 年版，第 116 页。

〔2〕 廖勤：《企业并购动因、效应和整合比较研究：以思科、联想为例》，苏州大学 2006 年硕士学位论文。

〔3〕 罗肇鸿主编：《跨国并购：特点、影响和对策》，中国经济出版社 2006 年版，第 1 页。

《证券法》的调整。最后，法律后果不同，跨国合并的后果是并购企业要么兼并了目标企业，要么一起成立了新的企业，而跨国收购是获得目标企业的控制权，是否实施合并，是收购之后可以实施的行为。[1] 有关并购的数据显示，跨国收购占跨国并购的绝大部分，跨国合并不到3%，跨国并购在实践中主要表现为跨国收购。[2] 在后面的论述中，不再区分跨国合并和跨国收购，统称跨国并购。

在跨国并购中，企业的国籍成为一个重要的问题，2000 年世界投资报告将跨国并购分为以下 7 种类型：

（1）X 国的国内企业收购（或合并）Y 国的国内企业；

（2）X 国的国内企业收购（或合并）X 国的外国子公司；

（3）X 国的国内企业收购（或合并）Y 国的外国企业；

（4）X 国的外国子公司收购（或合并）Y 国的国内企业；

（5）X 国的外国子公司收购（或合并）X 国的另一家外国子公司；

（6）X 国的外国子公司收购（或合并）X 国的国内企业；

（7）X 国的外国子公司收购（或合并）Y 国的外国子公司。[3]

反垄断法中的并购在不同国家有着不同的定义，美国通过列举的方式界定了并购的概念，包括股份收购、资产收购、要约收

---

〔1〕 马金城：《跨国并购的效率改进研究》，东北财经大学出版社 2006 年版，第 22 页。

〔2〕 联合国贸易与发展会议编，冼国明总译校：《2000 年世界投资报告：跨国并购与发展》，中国财政经济出版社 2001 年版，第 115~117 页。

〔3〕 联合国贸易与发展会议编，冼国明总译校：《2000 年世界投资报告：跨国并购与发展》，中国财政经济出版社 2001 年版，第 124~125 页。

购以及合营企业的合并行为，1980 年又扩张至任何人从事的任何影响商业的行为。[1]《欧盟合并控制条例》第 3 条通过列举的方式规定了什么是并购，欧盟委员会更加关注的是并购导致的控制权永久性改变[2]，欧盟认为，构成并购的条件之一是能够控制一家公司，对该公司的生产经营决策产生决定性的影响。在确定控制的问题上，通常不仅需要考虑购买股票的多少，还要考虑其他的相关因素。尽管财产权和股权的取得非常重要，但是这并非控制权取得或变更的唯一因素，在某些情况下，单纯的经济依赖关系也会导致事实上控制的产生，此时，即使当事人没有公开宣称实施了并购行为，仍然是属于反垄断法意义上的并购。中国的反垄断法没有使用并购的字眼，而是采用经营者集中这个称呼，2008 年《反垄断法》第 20 条[3]用列举的方式对并购进行了界定，包括企业合并，购买资产或股权取得控制权，通过其他方式获得另一个企业的控制权。[4]

二、跨国并购的类型

（一）跨国横向并购、纵向并购以及混合并购

按照跨国并购企业与目标企业在并购前的关系，跨国并购可

---

〔1〕 王丽娟：《我国企业合并的反垄断规制研究》，中国石油大学 2009 年硕士学位论文。

〔2〕 如果通过以下方式，使控制权发生了永久性的变化，则被视为发生了企业集中：（a）两家或更多以前独立的企业或企业的一部分进行了合并，或者（b）已经控制了至少一家企业的一个人或多人，或者一个或多个企业，通过购买证券或资产、通过合并或其他形式，直接或间接地获得了一家或多家其他企业全部或部分控制权。

〔3〕 2022 年《反垄断法》第 25 条。

〔4〕 詹昊：《〈反垄断法〉下的企业并购实务：经营者集中法律解读、案例分析与操作指引》，法律出版社 2008 年版，第 337 页。

以划分为三种，分别如下：

跨国横向并购，是并购企业和目标企业在实施并购交易前属于同一行业，其生产的产品具有同质性和可替代性，有的甚至就是直接竞争对手。横向并购无论在国内市场还是国际市场都是最重要的并购方式。跨国横向并购的主要作用是获取规模经济。其不利影响是，通过并购同行业经营者，减少了行业内的经营者和竞争者数量，可能对市场起到反竞争效果。在今天，几乎所有的反垄断法都规定对横向并购实施严格的规制。

纵向并购，又称为垂直并购，并购企业与目标企业在实施并购前是供应商与零售商等上下游关系。纵向并购主要是出于交易成本理论，实质是运用“统一规制”方式实现企业一体化，用企业内部调节来代替市场调节，减少交易费用，获得一体化的综合收益。纵向并购将那些未参与并购的企业置于不利的竞争地位，在美国布朗鞋一案中，法院认为，纵向合并使其他未参与并购的企业处于不利的竞争地位，而且可能会引起新的纵向并购，因此裁决禁止该项并购。纵向并购还可能会提高进入市场的壁垒以及导致价格歧视，但是由于纵向并购并不会立即消灭竞争者，所以，各国对纵向并购的管制不是很严格。[1]

混合并购，是指处在两个完全没有关系的行业的企业实施的并购，其目的是制造范围经济。混合并购来源于多样化经营理论，认为不能把鸡蛋放在一个篮子了。混合并购可以降低一个企业进入新的行业的壁垒，而且，从财务学的角度来看，混合经营

---

〔1〕 王晓晔：《企业合并中的反垄断问题》，法律出版社 1996 年版，第 14～15 页。

可以降低企业的资本成本。现在很多巨型跨国公司，都是通过混合并购发展来的，例如古斯担任可口可乐总裁后，开始推行多元化战略，先后购入密纽特梅德冷冻果汁公司、经营咖啡的邓根食品，纯净水、酿酒、塑料薄膜生产企业以及多个瓶装厂，最终奠定了其全球性跨国公司的地位。〔1〕但是，混合并购是并购企业进入一个全新的行业，由于缺乏经验和技术，因此，也很容易失败。在一般情况下，混合并购对竞争不会有直接的影响。

（二）收购控股、吸收合并、新设合并

按跨国并购完成后，并购企业与目标企业法人地位的变化，分为收购控股、吸收合并和新设合并。〔2〕收购控股，是指并购企业通过购买目标企业一定的资产或股权，对目标企业的生产和经营管理实现了控制，但是并购企业和目标企业仍然是独立的法人，目标企业实际上成为并购企业的子公司；吸收合并，是指并购企业将目标企业的所有资产和股权纳入到本企业中来，目标企业的法人资格丧失；新设合并，是指并购企业与目标企业通过签订并购协议，完成资产和股权的整合，并购完成后，成立一家新的公司，并购企业和目标企业的法人资格都注销。

（三）战略性并购和投机性并购

战略性并购是指以跨国公司为主体的产业资本并购。战略并购是以并购双方各自核心竞争优势为基础，通过优化资源配置的

---

〔1〕曾广胜：《跨国并购的新制度经济学分析》，经济科学出版社 2006 年版，第 18 页。

〔2〕蔡国华、李林军、王艳：《备战反收购——全流通下的反收购策略》，载《首席财务官》2006 年第 10 期。

方式在适度范围内继续强化企业核心竞争力，创造大于各自独立价值之和的新价值的并购活动，这种并购也被称为投资型并购。投机性并购，也称为财务性并购，是指单纯通过并购企业，然后再以新的价值重新卖出，以赚取差价的并购。投资型并购的价值是协同效应、市场势力，而投机性并购的价值则是产权或股权的转让溢价。[1] 一般来说，战略性并购更容易引发竞争问题。

三、小结

跨国并购是国内并购在地域范围内的扩张，因此，在很多方面与国内并购相同，例如，基本定义、分类等，但是，跨国并购仍然有很多不同于国内并购的地方。第一，跨国并购表现为参与并购主体的跨国性，第二，资金流动的跨国性，伴随着跨国并购，大量的资金从母国转移到东道国。第三，跨国并购的主体一般是那些跨国公司，其不仅掌握着大量的资本，而且拥有很多先进技术等稀缺资源。第四，第三产业是跨境并购的主导产业。金融、电信等第三产业在跨境并购中非常活跃。随着 1997 年基础电信协议的签署，电信企业开始抢占全球电信市场，这促成了 1997-2000 年的并购高潮，英国沃达丰公司和曼内斯曼公司的合并，就是电信业内并购成功的典范。在金融业，随着各国金融管制的逐渐放开，加之金融业本身就是一个需要规模经济的行业，金融业的跨境并购也开始迅速高涨。2000 年 9 月，美国大通银行集团与 J. P. 摩根达成协议，由美国大通银行集团收购摩根，

---

〔1〕 王习农：《跨国并购中的企业与政府》，中国经济出版社 2005 年版，第 33 页。

新公司名为 J. P. 摩根大通。[1] 2000 年美国花旗银行并购墨西哥国民银行，2002 年英国汇丰银行并购美国家庭国际银行。从全球金融市场来看，目前市场集中度很低，因此，金融业的跨境并购还有很大的上升空间。最后，跨国并购受多方面因素的影响，不仅包括国内因素，而且也包括一些重要的国际因素。例如：跨国投资的国际协调、各国的意识形态和法律传统等，因此，对跨国并购的分析、研究必然更加困难。[2]

第二节　跨国并购反垄断审查一般原理

一、跨国并购反垄断审查的必要性

并购一方面能够帮助企业获得规模经济，并且能够壮大弱小行业的发展，尤其是发展中国家处在经济发展的初级阶段，产业集中度不够，国家实行鼓励企业通过重组、兼并、联合做大做强的政策。但是，并购也可能增加市场集中度，对竞争可能会造成不利的影响，或是削弱其他竞争对手的进入机会以及削弱其他竞争对手的竞争能力，特别是少数企业合并，其目的很可能就是谋求垄断地位的形成，因此，世界各国都对一定规模以上的企业并购实施反垄断审查，以预防和避免并购可能造成的反竞争效果。随着经济全球化的发展，越来越多的跨国公司开始了跨国并购的征程，跨国公司由于占据着资源、技术和管理等方面的优势，甚

〔1〕 邱尊社：《公司并购论》，中国书籍出版社 2007 年版，第 95 页。

〔2〕 王习农：《跨国并购中的企业与政府》，中国经济出版社 2005 年版，第 31 页。

至在有的市场已经占据了优势或垄断地位，因此，跨国公司的跨国并购对一国国内市场的竞争造成严重影响的可能性更大。虽然大多数国家对国内并购和跨国并购反垄断审查适用相同的标准，如我国商务部反垄断局尚明局长所言，“现在商务部受理申请时，不再分内外企业，所有的企业都按照统一的标准进行审查[1]”，但是各个国家对于跨国并购可能对竞争的影响明显更加关注，也有少数国家对国内并购和跨国并购分别制定了两套不同的法律和不同的审查部门，例如澳大利亚。

二、跨国并购反垄断审查的模式

（一）行政主导模式

行政主导模式主要是在欧盟、德国、法国、日本以及中国等大陆法系国家和地区中盛行。在这些国家和地区，反垄断执法机构主要是行政机构，行政权力被放置于跨国并购反垄断法审查的中心地位。

在欧盟，欧盟委员会是进行跨国并购反垄断审查及裁决的机构，其下设的竞争总司负责受理跨国并购的申报，并购方在向竞争总司申报并递交相应的文件资料后接受欧盟委员会的初步审查，委员会将根据申报信息，判断并购是否会对相关市场竞争产生损害或损害威胁。并购方在审查过程中可以主动与欧盟委员会沟通，并对欧盟委员会的反对意见提出抗辩，欧盟委员会会根据所有的信息作出最后的决定。并购方可以提出合并救济措施，若无法消除欧盟委员会对竞争损害或损害威胁的疑虑，欧盟委员会

〔1〕 王毕强：《反垄断局在行动》，载《经济观察报》2008年9月15日，第2版。

将作出禁止并购的决定。在这整个过程中，欧盟委员会集大权于一身，主导着整个程序的进展。[1] 当并购方对欧盟委员会作出的最后决定不满时，可以向初审法院提起行政诉讼，启动反垄断司法审查程序，反垄断司法审查程序是对反垄断执法的监督。

（二）司法主导模式

司法主导模式和上述的行政主导模式最大的区别就在于具有最终决定权的机构性质不同。在司法主导模式下，法院是最终做出决定的机构，而不仅仅是对反垄断机构做出的决定进行监督的机构。

美国是司法主导模式的代表，美国反垄断执法机构包括司法部反托拉斯局和联邦贸易委员会。美国司法部反托拉斯局对企业并购进行具体调查，如果认为该并购对相关市场可能造成损害或损害威胁，又没有与并购申报人达成和解协议，司法部反托拉斯局只能根据自己的调查结果向联邦法院提起诉讼，请求法院作出最终裁决。即使司法部与并购申报方达成了和解协议后，也必须向联邦法院获得批准和确认，只能由联邦法院制定同意裁决书。[2] 因此，其对应的司法审查模式就是法院—法院的模式。

联邦贸易委员会独立地从事反垄断执法活动，具有准司法性质，除享有一般的行政权，还有准司法权和准立法权。具体在跨国并购反垄断审查领域，联邦贸易委员会有权审查并购申报，并且独立地展开调查。在正式指控之前，或者在行政法官举行听证

---

〔1〕 徐祎：《经营者集中反垄断审查程序问题研究》，湖南大学 2010 年硕士学位论文。

〔2〕 徐祎：《经营者集中反垄断审查程序问题研究》，湖南大学 2010 年硕士学位论文。

期间，都可以进行同意令的磋商，同意令作出后，经过60天的公众评议期，委员会再决定是否修改同意令。[1] 如果没有达成同意令，联邦贸易委员会竞争局可以向行政法官起诉，对行政法官作出的决定不服的，可以向联邦贸易委员会上诉，对联邦贸易委员会的决定不服的，可以向联邦上诉法院要求司法审查。[2] 因此，联邦贸易委员会的审查程序同样具有司法主导的性质，虽然行政法官是 FTC 下属的机构，但是其裁判程序与法院是一样的。

三、跨国并购反垄断审查的程序步骤

跨国并购反垄断审查是各国反垄断执法机构的重要职责。在预先申报制度产生之前，各个国家的反垄断执法机构只能通过媒体信息或者第三人举报等方式，决定对已经完成的并购进行审查，作出该并购是否对相关市场的竞争造成了损害或损害威胁，然后进一步的审查决定。但是这种审查明显具有滞后性，已经造成的竞争损害可能再也无法恢复。随着预先申报制度的产生，反垄断执法机构开始对满足申报标准的跨国并购进行事先审查，做出是否批准并购的决定。并购申报人在反垄断审查过程中，为了消除反垄断执法机构的竞争关注，以换取批准并购，会主动提出对并购交易的修改方案，这就是合并救济。因此，本书中的反垄断审查程序步骤是预先申报制度下的反垄断审查程序。并购反垄

---

〔1〕 刘宁元主编：《中外反垄断法实施体制研究》，北京大学出版社2005年版，第69页。

〔2〕 蒋岩波、喻玲：《反垄断司法制度》，商务印书馆2012年版，第72页。

断审查，在我国也被称为经营者集中反垄断审查，是指相关的反垄断执法机构，针对两个或两个以上的经营者实施的合并或收购对竞争可能造成的影响进行审查的过程。经营者集中的审查过程，是对经营者集中的竞争效果的评估过程，也是相关当事人和审查机构就存在的问题寻求解决方法的过程，还是集中当事人与审查机关的互动过程。[1]

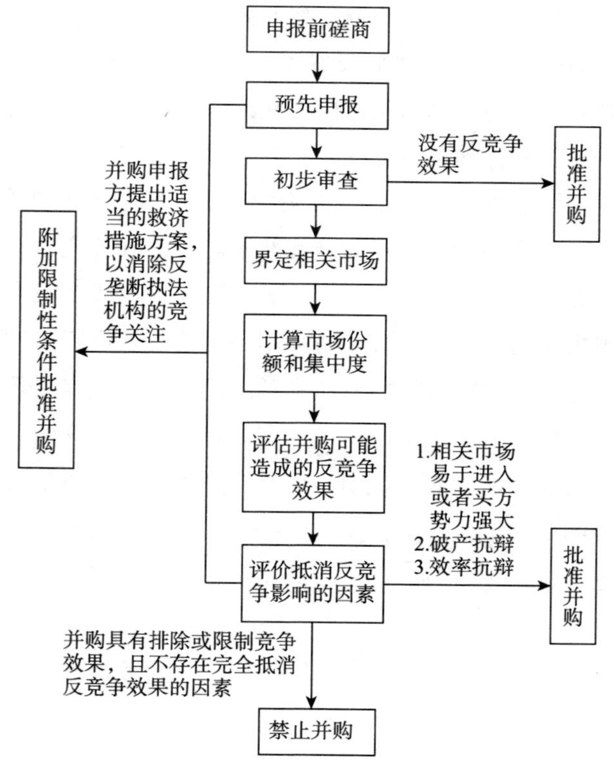

〔1〕 韩立余：《经营者集中救济制度》，高等教育出版社2011年版，第23页。

（一）申报前磋商

申报前磋商，或称申报前商谈、事前咨询，是指跨国并购的申报人在正式提交申报之前，以一定的形式告知有管辖权的反垄断执法机构该并购交易的主要信息，可能涉及的竞争问题等，征求反垄断执法机构的建议，或者询问反垄断执法机构关于申报需要提交的材料等问题，然后根据反垄断执法机构的答复进行申报或调整原计划，提高调查效率，降低并购申报方的负担。[1]

申报前磋商在欧盟并购反垄断审查中发挥着极为重要的作用，该制度在欧盟被称为预先申报联络，预先申报联络为欧盟委员会竞争总司和并购申报方提供了在正式申报前讨论司法管辖和其他法律问题的机会，反垄断执法机构也可以利用得到的信息，为即将到来的反垄断审查提前做好准备。根据欧盟竞争总司的实践经验，如果并购申报不完整，一般表明不存在或者只存在有限的预先申报联络。预先申报联络采用秘密的形式进行，这样有利于保护可能的并购申报人的商业利益。预先申报联络以提交备忘录的形式开始，备忘录中应提供对交易背景的简要介绍、所涉及的相关部门和市场的简要说明，以及交易可能对竞争造成的影响的概要说明。当事人一般在正式申报前一个月，甚至三个月前就要求与竞争总司进行协商，竞争总司将指定一个案件小组负责案件工作。

我国最早规定申报前磋商制度的法条是商务部的《外国投资

〔1〕 张东：《经营者集中申报前商谈制度比较研究》，载《比较法研究》2013年第5期。

者并购境内企业反垄断申报指南》第5条[1]；2008年《反垄断法》生效实施后，商务部在《关于经营者集中申报的指导意见》第1条[2]规定了申报前磋商的三个条件；商务部反垄断局局长尚明在答记者问时，也说到商务部对经营者集中案件实行申报前磋商制度，商务部反垄断局专设商谈处，负责商谈事宜。如果申报方对申报材料或者申报程序、申报标准等事项存在疑问，可以将该疑问以书面形式发给反垄断局。商务部反垄断审查机构经过研究后，将意见告知申报方。[3]

（二）预先申报制度

所谓经营者集中预先申报制度，是指符合反垄断法规定规模的并购交易的经营者在实施并购前，必须向相关反垄断执法机构进行申报，在获得批准后，才能实施并购。否则就要承担相应的法律责任。[4] 在美国1976年通过《哈特-斯科特-罗迪诺反垄断修订法》（以下简称HRS法）之前，并不存在并购的预先申报制度，预先申报制度使执法机构能在并购交易完成之前，针对跨国并购对相关市场可能造成的损害或损害威胁进行评估，然后作

---

〔1〕 为了提高效率，确保审查透明度和可预测性，反垄断调查办公室鼓励申报方及其委托代理人在正式申报前进行非正式接洽，就是否需要申报，界定相关市场等重要事项进行商谈。申报人申请商谈应当在正式申报前尽早提出，商谈请求应当以书面形式传真给反垄断调查办公室。

〔2〕 第一，经营者事先向反垄断局提出书面申请，并预约商谈时间；第二，书面申请应包括申请人、申请事项、交易概况、拟商谈问题以及联系人信息；第三，经营者应向反垄断局提供与拟进行商谈的集中交易有关的必要文件和资料。

〔3〕 尚明：《对经营者集中案件实行申报前磋商制度》，载《创新科技》2008年第12期。

〔4〕 张穹：《反垄断理论研究》，中国法制出版社2007年版，第183页。

出是否批准并购的决定。真正意义上的合并救济制度，是伴随着预先申报制度而产生的。因此，虽然目前关于跨国并购存在三种申报制度：预先申报（美国、欧盟、中国、德国、巴西、加拿大、日本、葡萄牙、）、自愿申报（英国、新西兰、巴拿马、智利、挪威、印度、澳大利亚）和事后申报（阿根廷、西班牙、日本、韩国、南非、俄罗斯、希腊、突尼斯），但是本书只论述预先申报制度下的反垄断审查，这是合并救济制度存在的前提条件。

（三）初步审查

初步审查，是反垄断执法机构受理并购申报后的第一个审查阶段，主要是初步判断该并购是否可能对相关市场的竞争存在损害或损害威胁，如果没有，直接作出无条件批准并购的决定，如果认为该并购可能损害竞争或具有竞争损害威胁，则案件进入进一步审查阶段。初步审查的期限一般都较短，不超过一个月，我国2008年《反垄断法》第25条[1]规定的初步审查期限是30天，不可以延长。美国也是30天，可以延长，也可以缩短[2]；欧盟为25个工作日[3]，在发生案件移送和当事人提出救济承诺

[1] 2022年《反垄断法》第30条。

[2] 初步审查阶段，美国称之为“初始等待期”。The parties then must wait a certain period, usually 30 days (15 days for all-cash tender offers or bankruptcy sales) during which time those regulatory agencies may request further information in order to help them assess whether the proposed transaction violates the antitrust laws of the United States or could cause an anti-competitive effect in the parties' markets. The regulators may request additional time to review additional information and the filing parties may request that the waiting period for a particular transaction be terminated early ("early termination")

[3] See Article 10 of Council Regulation (EC) No 139/2004 of 20 January 2004 on the control of concentrations between undertakings.

的情况下，可以延长至35个工作日；英国为40个工作日[1]；葡萄牙为30个工作日[2]。初步审查阶段进行的案件的竞争分析相对比较简单，一般不需要进行复杂的经济分析。

（四）评估跨国并购的反竞争效果

如果经初步审查，反垄断执法机构认为该跨国并购可能损害竞争或存在竞争损害威胁，将对该并购展开实质性审查，评估并购的反竞争效果。评估并购的反竞争效果分为两步，首先要界定相关市场，然后计算相关市场的市场集中度，并购方在相关市场的市场份额及其对市场的控制力。

反垄断执法机构首先界定相关市场，甚至可以说，跨国并购反垄断审查能否通过，在界定相关市场时，就几乎已见分晓。所以在很多知名的跨国并购案例中，并购方会花费大量的人力、物力与反垄断执法部门对于相关市场的界定进行反复论证、争论和辩解。[3] 一切竞争与反竞争行为，都是发生在一定市场范围内的。反垄断法的相关市场，是指在具体案件中，要确定哪些企业是存在竞争关系的。如何界定相关市场呢？相关市场包括相关产品市场和相关地域市场。如果有证据证明随着供应一组产品的主要竞争对手的减少，该组产品价格显著上涨，那么该证据就可以证明该组产品构成一个相关市场。市场界定仅关注需求替代因

〔1〕 尚明主编：《企业并购反垄断控制：欧盟及部分成员国立法执法经验》，法律出版社2008年版，第110页。

〔2〕 尚明主编：《企业并购反垄断控制：欧盟及部分成员国立法执法经验》，法律出版社2008年版，第177页。

〔3〕 詹昊：《〈反垄断法〉下的企业并购实务：经营者集中法律解读、案例分析与操作指引》，法律出版社2008年版，第85页。

素，即关注客户是否有能力和意愿在面对价格上涨或者非价格变化时，使用其他替代产品。迄今为止，界定相关市场的方法大体有两种，一种是传统的产品功能界定法。产品功能界定法主要是根据产品功能来界定的，两个产品是否可以发挥同一个功用。要判断两种产品是否属于合理替代品，不同的人会做出不同的判断。例如，500ml 的矿泉水，一般认定的功能是饮用功能，但随着家庭健身法的推广，很多人认为，这个矿泉水也能起到哑铃的功能。再如，依云矿泉水是超市中饮用水的高端货品，但是超市中的瓶装依云水同样也可以做面膜，甚至很多皮肤敏感的人就用这个矿泉水代替了对面膜的消费。那么，她认为，矿泉水也是面部护理产品的一种。有时候，价格也能成为界定市场的决定性因素。比如，寻常的服装与高档名牌服装一般不存在竞争。

随着经济学的发展，另一种市场界定方法产生了，即 SSNIP（small but significant and non-transitory increase in price），这个方法首先假定在某个市场（如沐浴乳市场）存在一个具有国内垄断地位的销售者[1]，如果该销售者将沐浴乳的价格提高 8%，这时候，如果消费者纷纷选择购买香皂或者转向进口产品，那么，香皂和沐浴乳构成一个相关产品市场，国际市场构成相关地域市场，如果垄断销售者将香皂的价格也提高 8%，消费者纷纷选择购买了其他产品，那么其他产品就与沐浴乳、香皂一起构成相关产品市场，这个测试要不停的进行下去，直到垄断销售者能够通过涨价来获取垄断利益。但是这个测试方法忽略了一个重要问

---

〔1〕 SSNIP 将假定的相关市场内的所有经营者视为一个整体，排除了产品内部的供给替代。

题：消费者没有转向其他市场，而是放弃了对这个产品的使用，这时候经测试的这个市场就是相关市场，但是垄断经营者无法通过涨价来获取垄断利益，测试仍然不能停止。

在反垄断法的发展历史上，究竟以何种标准作为跨国并购反垄断审查的实体审查标准，存在非暂时性实质减少竞争标准和市场支配地位标准。所谓市场支配地位标准，是指以经营者的市场份额为标准，通过分析并购是否会导致形成市场支配地位作为审查的实体标准。采用这一标准的有德国、瑞典、阿根廷等国以及2004年5月之前的欧盟。市场支配地位标准来源于哈佛法学派的理论观点，采用结构主义的标准，即只要并购减少了竞争者数量、通过并购改变了市场结构、增加了并购企业的市场份额，反垄断执法机构都应予以监管甚至禁止。这个标准比较僵硬，认为任何相关市场中占据支配地位的企业都将对竞争产生不利的影响，都会寻求垄断利益，这是不对的。过度强调市场结构理论也将损害规模经济产生的效率，排斥规模经济，仇视超大企业。欧盟已经将市场支配地位标准发展为“严重妨碍有效竞争标准”，即一项并购，尤其是由于产生或加强企业的支配性地位，而严重妨碍相关市场的有效竞争的，则应当予以阻止。[1] 这已经开始与反垄断法保护竞争的宗旨协调一致了。

非暂时性实质减少竞争标准是由美国《克莱顿法》[2] 最早规定的企业并购审查标准，深受芝加哥法学派理论的影响。采用

〔1〕 See Article 2 of Council Regulation（EC）No 139/2004 of 20 January 2004 on the control of concentrations between undertakings.

〔2〕《克莱顿法》第7条规定：“任何人不得直接或间接并购其他人的全部或部分资产，如果该并购造成实质性减少竞争的效果。”

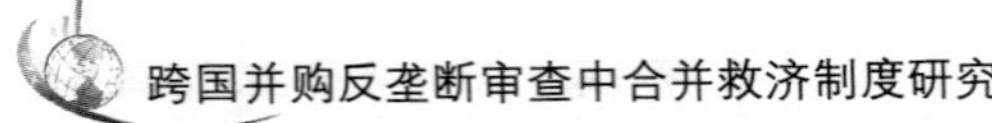

这一标准的有美国、英国和澳大利亚等国。美国1992年的《横向并购指南》进一步细化了非暂时性实质减少竞争标准，并规定了反垄断执法机构在决定某个并购是否应被禁止时要采取的五个步骤[1]。

相关市场的集中度，是指少数厂商或企业最大程度地占有诸如销售量、资产等经济活动比例大小的程度。在跨国并购方面，集中度的计量指标不止一种，有市场份额[2]、4个企业集中度(CR4)[3] 和赫芬达尔指数（HHI)。赫芬达尔指数是目前最盛行的市场集中度测试方法，其测定方法是将相关市场上所有的企业的市场份额平方和乘以10000。跨国并购实施后，如果相关市场上赫芬达尔指数低于1000，该市场是低集中度的市场；跨国并购实施后，赫芬达尔指数在1000-1800（欧盟是2000）之间，在这个中度集中的相关市场上，如果跨国并购前后的指数差异在100（欧盟是250）以下，则认为跨国并购不会有潜在的竞争损害威胁；如果跨国并购之后的市场赫芬达尔指数在1800（欧盟是2000）以上，在这个高度集中的相关市场上，如果并购前后

---

〔1〕（1）在界定市场的基础上，分析并购是否会显著增加市场集中度并导致集中化的市场；（2）根据市场集中度及有关事实，分析并购是否会引起潜在的反竞争效果；（3）应评估新的市场进入是否能及时、充分地抵消反竞争效果，以削弱并购后企业的市场势力；（4）分析并购是否产生当事人无法通过其他途径实现的效率；（5）评估在没有并购的情形下，被并购方是否会因破产而退出市场。

〔2〕德国是直接用市场份额来测算市场集中度和市场支配地位的，德国《反对限制竞争法》第19条规定，如果一个大企业至少占有1/3的市场份额，3个或3个以下企业共同占有至少1/2的市场份额，5个或5个以下企业共同占有至少2/3的市场份额，就可以推断这个企业单独或者这些企业共同占有了市场支配地位，除非这个企业或这些企业能够提出充分的证据证明市场上或者这些企业之间还存在着实质性竞争。

〔3〕所谓CR4就是特定市场上最大的前4个企业的市场份额之和，CR4大于75%的市场被认为是高度集中的市场。

的指数差异低于50（欧盟是150），则该并购对相关市场不具有潜在的竞争威胁，否则，则被认为并购会对市场竞争产生不利影响。[1]

（五）评估市场进入，强大的购买方等对反竞争效果起抵消作用的因素

1. 买方力量

俗话说，道高一尺，魔高一丈。经营者的竞争压力不仅来源于竞争者，而且也来源于买方。抵消性买方力量是在跨国并购反垄断审查中，评估其对竞争的潜在影响的一个关键要素。这个语境中的抵消性买方力量是指，基于买方的规模，买方对卖方的商业重要性以及买方更换供应商的可选择性，购买方与卖方在商业谈判中讨价还价的能力。欧盟委员会认为，如果卖方决定涨价或者降低商品品质或者送货条件，购买方可以在一个合理的时间内转向替代性的供应商，这就是抵消性买方力量。买方还可能自己进入上游供应市场或者游说潜在的供应商进入者进入市场。通常来说，大型的、成熟的买方拥有比小企业更大的买方力量。买方还能够通过拒绝供应商的其他产品等其他方式来威胁卖方，导致卖方不敢过度追求垄断利益。

此外，仅并购前存在买方力量还不够，该买方力量在并购后必须继续存在和有效。这是因为如果并购导致买方可以转向的供应商消失了，那么抵消性买方力量也就消失了。[2]

---

〔1〕 詹昊：《〈反垄断法〉下的企业并购实务：经营者集中法律解读、案例分析与操作指引》，法律出版社2008年版，第136页。

〔2〕 尚明主编：《企业并购反垄断控制：欧盟及部分成员国立法执法经验》，法律出版社2008年版，第72页。

2. 市场进入

对新竞争者进入相关市场的分析，是对并购进行竞争分析的另一个重要因素。如果一个市场中企业的进入比较容易，或者现有企业能够非常容易地扩大生产，这一相关市场内的并购不会引起反垄断执法机构的竞争关注。能够抵消并购的反竞争效果的市场进入，无疑应该具有一定的规模和影响，因此，各国并购指南均要求进入必须是“及时的、可能的和充分的”。

第一是可能性。可能性是指潜在的进入者有能力和意愿进入相关市场。可能性分析主要包括进入壁垒、进入能否获得足够的利润两个方面。考虑到对市场进行额外投入的价格影响及现有企业的可能反应，只有足够盈利才能使进入成为可能，比原有产业更高的盈利性才能吸引潜在的进入者进入。如果市场上现有企业能够通过提供长期合同或者向那些进入者想得到的顾客提供有针对性的、先发制人的减价服务，那么，进入就可能更难。进入失败的高风险和成本使进入的可能性更小。[1] 此外，潜在进入者还必须能够克服进入壁垒，如技术壁垒、规模经济壁垒、产品差异化壁垒，还有行业法律政策壁垒。只有这些问题解决后，潜在进入者进入才是可能的。

第二是及时性，即潜在竞争者的进入时间是否在合理的范围内，短到足以维持或恢复竞争。各国普遍认为“潜在竞争者进入市场的时间，应该短到阻止并购实体行使其市场支配力量的程

---

〔1〕 See para 69 of Guidelines on the assessment of non-horizontal mergers under the Council Regulation on the control of concentrations between undertakings.

度”。[1] 欧盟一般考虑那些在2年内完成的进入。

第三是充分性。美国2004年的《并购救济指南》中指出，由于现有企业的控制，进入者获得基本资产受到限制，使之不可能达到盈利所需要的必要销售水平，即使进入是及时、可能的，这样的进入也是不充分的。另外，在市场不统一的情况下，进入者产品的特征和范围必须能够对当地化的销售机会做出反应，在涉及差别产品、单方提高价格的情况下，进入者必须能够提供与并购实体产品相近的产品，使并购实体不能消化因提价导致的销售损失，从而使之无利可图。加拿大也有类似的规定，低于“最低可行规模的进入，不足以消除重大价格增长”。[2]

3. 效率抗辩

追求效率是并购的主要动因。企业能够通过多种方式提高效率，反垄断审查效率抗辩中的效率的获得只能通过并购产生，美国《横向并购指南》将这种效率称为并购特有的效率（Merger-specific），并且，参与并购的企业必须具体说明其关于效率的主张，以便反垄断执法机构能够通过合理的方式证明他们所主张的各种效率的可能性，说明效率是如何以及在什么时间予以实现，各项效率如何提高并购企业竞争的能力和动机，为什么这些效率是并购特有的。如果并购申报人关于这些效率的主张是模糊或者推测性的，不能通过合理的方式证明，则反垄断执法机构不会考虑这些效率主张。[3]

---

〔1〕 韩立余：《经营者集中救济制度》，高等教育出版社2011年版，第131页。

〔2〕 韩立余：《经营者集中救济制度》，高等教育出版社2011年版，第131页。

〔3〕 董红霞：《美国欧盟横向并购指南研究》，中国经济出版社2007年版，第197~198页。

欧盟在审查并购案件时也接受效率抗辩，但是接受程度很低。最典型的例子是2007年的Ryanair V. Aer Lingus案。在这个案件中，Ryanair强调，该项并购将会产生实质性的效率提升，并且所有客户都会受益。欧盟委员会在审查后，认为并购效率不足以抵消该并购对共同体市场竞争的损害，原因有三，首先，关于效率的可证实性，Ryanair认为，其将管理技能与经营模式适用于Aer Lingus航空公司后，将降低Aer Lingus公司当前的费用成本，但是，欧盟委员会认为，Ryanair公司的效率抗辩是具有某种假设，这些假设无法被有效证明；其次，欧盟委员会认为，Ryanair公司主张的效率不是该并购特有的，Ryanair公司与Aer Lingus公司开展有效竞争，才会激励其降低人员成本、提高飞机的使用效率。最后，Ryanair航空公司主张，飞机运营成本的降低会影响航空公司的边际成本。但是，欧盟委员会认为，Ryanair公司所主张的固定成本降低不会影响其对当前航班的定价。[1]

4. 破产抗辩

破产企业抗辩，最早是由美国法院于1930年创立的。其经济逻辑在于，破产企业的当今市场份额不能反映其未来的竞争能力，这样的企业参与的并购可能不会引起反竞争效果。在国际鞋业公司诉联邦贸易委员一案中，法院认为，证据表明，其中一个企业的资源已经用竭，企业重整预期不可能，企业面临着经营失败的可能性极大。除并购方外，没有其它潜在的购买方。基于这一情况，法院认为这一公司的并购不会重大削弱竞争。针对下述

〔1〕 尚明主编：《企业并购反垄断控制：欧盟及部分成员国立法执法经验》，法律出版社2008年版，第9页。

情况，美国司法部不对并购提出指控：一个企业的资源已经用竭，企业重整的预期几乎不可能，以致企业面临着经营失败的明确可能；只有没有合理预期生存的企业才算是破产企业；仅仅在一段时间内没有盈利、失去了市场支配地位、没有保护其竞争地位、管理差或者没有通过自身努力探讨克服困难的可能性的企业不算作破产企业。[1] 美国联邦贸易委员会否决了许多破产抗辩的并购，例如 Bass Brothers 案件，Harbour Group 案件。

（六）批准并购

并购申报方提交并购申报后，在初步审查阶段，如果反垄断执法机构认定该并购不具有排除或限制竞争的效果时，将做出批准并购的决定。当然，即使由于反垄断执法机构认为并购案件可能具有排除或限制竞争的效果，并购案件进入了进一步审查阶段，反垄断执法机构通过竞争分析，最终认定该并购不会损害竞争，也可以做出批准并购的决定。

（七）禁止并购

并购方提交并购申报后，如果经过初步审查、实质审查，反垄断执法机构认为该并购对相关市场确实存在对竞争的损害或损害威胁，同时不存在可以抵消反竞争效果的因素，反垄断执法机构将做出禁止并购的决定。

（八）附加限制性条件批准并购

如前图所示，在并购审查过程中，为了消除反垄断执法机构对并购的反竞争效果的疑虑，并购申报方可以向反垄断执法机构

[1] 韩立余：《经营者集中救济制度》，高等教育出版社 2011 年版，第 135 页。

提出救济措施，如果救济措施合理，且能够消除对竞争的损害或损害威胁，反垄断执法机构可以做出附加限制性条件批准并购的决定。

四、小结

跨国并购反垄断审查是各个国家反垄断执法机构的三大执法任务之一。随着经济全球化的发展，越来越多的跨国公司开始了跨国并购的征程，跨国公司由于占据着资源、技术和管理等方面的优势，甚至在有的市场已经占据了优势或垄断地位，跨国公司的跨国并购对一国国内市场的竞争造成严重损害的可能性更大，因此，各个国家的反垄断执法机构都非常重视对跨国并购的反垄断审查。关于跨国并购反垄断审查，目前有两种模式，以反垄断行政执法机构为核心的行政审查模式，以大陆法系的欧盟为代表，和以法院为中心的司法审查模式，以美国为代表。由于我国是典型的大陆法系国家，因此，在写到跨境并购反垄断审查的分析框架时，明显采用的是行政主导的审查模式。并购经营者在正式提交并购申报前，可以启动申报前磋商程序，向反垄断执法机构询问与申报相关的事项，便于申报能够及时受理和后续审查的顺利进行。反垄断执法机构在收到并购申报并正式立案后，开始初步审查程序，以确定是否需要进入进一步审查阶段。如果并购案件进入进一步审查阶段，反垄断执法机构需要界定相关市场、计算市场份额和市场集中度，以确定该项并购是否会损害竞争，另一方面，反垄断执法机构必须考虑那些能够抵消并购引起的反竞争效果的因素，包括市场进入、购买方力量、效率抗辩等。综合这些因素，反垄断执法机构最终判断并购是否会对相关市场的有效竞争造成损害。在以上的任一阶段，为了消除反垄断执法机构的竞争关注，并购申报人都可以提交合并救济方案。有的国家的法律也规定了反垄断执法机构可以提出合并救济方案。如果反垄断执法机构接受了合并救济方案，认为这些救济措施能够消除并购可能造成的反竞争效果，可以结束审查程序，作出附加限制性条件批准并购的决定。

第二章 跨国并购反垄断审查中合并救济制度的理论分析

第一节 合并救济制度的内涵、性质、产生和存在的基础及其价值

一、合并救济制度的内涵

合并救济，英文为 Merger Remedies。很多学者也翻译为合并补济。合并救济措施，是指在跨国并购反垄断审查中，为了消除反垄断执法机构对并购交易的竞争关注，由并购申报方向反垄断执法机构提出的消除反竞争效果的解决方法。与合并救济措施相关的一系列法律问题，就构成了合并救济制度。

合并救济制度的雏形是日本的附加条件承认制度。日本早在1947 年颁布的《禁止垄断法》中就规定了并购事先审查制度，在此基础上，形成了附加条件承认制度，根据该制度，当企业准备并购时，并购当事人要通过事先咨询向日本公证委员会征询其非正式的指导意见。如果最初的并购方案被认为可能具有损害竞

争的效果，并购当事人进行咨询后会承诺对该并购方案进行修改。[1]

欧盟《可接受救济措施通告》的目的是对修改并购条件或内容提供指导，特别包括对修改并购条件或内容的承诺提供指导。这种修改，通常称为“救济”，其目的是消除欧盟委员会的竞争关注，竞争关注是指对并购造成市场支配地位或加强市场支配地位而可能重大削弱有效竞争的严重怀疑，或对并购具有这一效果的初步裁决。欧盟委员会竞争总局2005年发布的《合并救济研究报告》[2]，将“救济”定义为：“相关企业，对并购做出的消除欧盟委员会在调查中指出的竞争关注的所有修改的总称，该修改使并购与欧盟共同市场相符。[3]”

在美国，作为反垄断的执法机构，司法部反垄断局对于企业并购没有直接做出处理决定的权力，而是对其认为可能产生反竞争效果的并购作为原告向法院提起诉讼。为了避免诉讼带来的不确定性，执法机构和并购当事人会进行谈判，寻求和解。对执法机构认为可能产生反竞争效果的问题，并购当事人往往会提出新的并购方案，以换取执法机构对并购的批准或不起诉。因此，执法机构在对并购的审查过程中，通过与当事人谈判的方法，达成旨在消除并购产生的反竞争效果的和解条件，成为美国法域内对并购的救济模式。[4]

---

〔1〕 喻蓉：《经营者集中控制之救济制度研究》，兰州大学2013年硕士学位论文。

〔2〕 该文本是欧盟委员会竞争总局的工作人员在总结以往案件的基础上得出的研究成果，于2005年发布，不具有法律约束力，但是具有非常大的指导意义。

〔3〕 韩立余：《经营者集中救济制度》，高等教育出版社2011年版，第10~11页。

〔4〕 韩立余：《经营者集中救济制度》，高等教育出版社2011年版，第11页。

从以上定义可以看出，合并救济制度与以往法律意义上的救济是根本不同的两个事物。通常说的救济是从保护受到侵害的权利人这一角度来说的，即那句话："没有权利，就无所谓救济"。而合并救济制度不存在权利人，其目的是维持或者恢复相关市场的有效竞争，其救济的对象不是某个特定的个体，而是有效竞争。

二、合并救济制度的性质

反垄断执法机构属于公权力机关，其对跨国并购进行审查是行使其行政权力，与并购者是管理与被管理的关系。在传统的反垄断执法过程中，反垄断主管机构对经营者涉嫌垄断的行为进行调查，然后在查明垄断事实的基础上做出相应的行政决定。但是垄断行为的调查非常复杂，历时很久，而且经营者的垄断行为都是隐蔽性的，不可能主动配合反垄断执法机构的调查，再加上反垄断执法机构的执法力量也是有限的，不可能把所有的力量常年集中到一个案件调查上面，经常不得不中途放弃调查。为了避免这种情况的发生，现在很多国家的反垄断法规定了反垄断执法机构与涉嫌垄断行为的经营者可以通过和解的方式解决案件。[1]而涉嫌垄断行为的经营者，虽然会存在侥幸心理，希望反垄断执法机构无法查明案件事实而被迫放弃调查，但是反垄断执法机构的调查毕竟还是存在很多负面影响，而且结果也具有非常大的不确定性，经营者也不喜欢长时间处在反垄断调查之中，因此，反垄断执法和解制度应运而生。

---

〔1〕 殷继国：《反垄断执法和解制度：国家干预契约化之滥觞》，中国法制出版社 2013 年版，第 79 页。

反垄断执法和解作为一个概念，其法律概念在不同的国家和地区各不相同，比如，欧盟称之为承诺决定（commitment decision），美国为同意判决（consent decree）和同意命令（consent order），我国反垄断法称之为经营者承诺。在美国的同意判决中，和解契约是由司法部和并购者达成的，而和解决定则是法院根据和解契约的内容做出的有约束力的司法判决，此时，和解契约和和解决定的不同是非常明显的。在欧盟的反垄断执法和解程序中，根据 1/2003 号条例第 9 条的规定，我们也可以推断出和解协议和和解决定的不同，和解契约是委员会与涉嫌垄断的经营者达成的，而和解决定表现为委员会将和解契约变成有约束力的承诺决定，是在和解契约的基础上委员会的一种单方行为。我国关于合并救济措施的规定，不能推断出合并救济措施契约与商务部附加限制性条件批准并购的决定之间的关系。但是在 2009 年国家工商行政管理总局[1]公布的《工商行政管理机关查处垄断协议、滥用市场支配地位案件程序规定》中规定，工商行政管理机构与涉嫌垄断的经营者达成和解契约后，工商行政管理机构要另行做出中止调查决定书，该中止调查决定书实际上就是和解决定。国家发改委公布的《反价格垄断行政执法程序规定》在处理和解契约与和解决定的关系上与国家工商行政管理总局的上述规定一致。[2] 作为我国反垄断执法的三大支柱之一的商务部，虽然没有出台具体的实施细则，但是关于合并救济措施契约与合

〔1〕 2018 年 3 月，国务院机构改革方案，将国家工商行政管理总局的职责融合，组建中华人民共和国国家市场监督管理总局。

〔2〕 殷继国：《反垄断执法和解制度：国家干预契约化之滥觞》，中国法制出版社 2013 年版，第 69~70 页。

并救济措施的决定的区分应该与其它两个机构是相同的。

三、合并救济制度产生和存在的基础

（一）哲学文化基础

反垄断执法和解的产生与当时美国盛行的实用主义哲学和文化是相符合的，实用主义哲学认为，可以促进人的行动成功和取得效果、对人的活动有利的东西，就是有价值、有意义的。反垄断执法和解的出现，正是实用主义哲学注重效果的体现，因为在反垄断执法机构看来，无论是采取传统的彻查垄断行为的执法方式还是采取与并购者和解的方式，只要能达到恢复市场竞争的效果，均是有价值的执法方式。[1] 在传统的反垄断执法方式中，反垄断主管机构对经营者涉嫌垄断的行为进行调查，然后在查明垄断事实的基础上做出相应的行政决定。但是垄断行为的调查非常复杂，历时很久，而且经营者的垄断行为都是隐蔽性的，不可能主动配合反垄断执法机构的调查，再加上反垄断执法机构的执法力量也是有限的，不可能把所有的力量常年集中到一个案件的调查上面，经常不得不中途放弃调查，[2] 例如 1969 年的美国 IBM 反垄断案[3]；

---

〔1〕 殷继国：《反垄断执法和解制度：国家干预契约化之滥觞》，中国法制出版社 2013 年版，第 77 页。

〔2〕 殷继国：《反垄断执法和解制度：国家干预契约化之滥觞》，中国法制出版社 2013 年版，第 79 页。

〔3〕 1969 年，IBM 被控垄断计算机市场，手段是：将软硬件捆绑在一起，宣布尚不存在的机器生产计划，使顾客推迟了与竞争对手签合同等。当时 IBM 的市场占有率为 65%，这是美国在微软案前与计算机相关的最大一起反托拉斯官司，前后共进行了 11 年，1982 年，司法部撤销了该案件。资料来源：http://wenku.baidu.com/link?url=MIbZOkpskL8ENLwjgOIwFUOZrW5dSvfu9wBoZ4Rr_4y4H7eUUazonq1QWXQAGoxsdJsQwK1Ak59VV4KwZ7SxHVV5DfqkE4nTQBN-5w6o4kq。

而反垄断执法和解却能以低成本、高效率的方式解决垄断争议，带来比传统反垄断执法模式更大的效应。

在中国，反垄断执法和解制度还存在深厚的“和合文化”基础。这也与现今我国所推崇的建立和谐社会相呼应。和谐文化的范围不仅指人与人的关系、人与社会的关系、人与自然的关系要和谐，政府与公民、管理者与被管理者、反垄断执法机构与并购者之间的关系也要和谐。在面对反垄断争议案件时，反垄断执法机构与涉嫌垄断行为的经营者达成执法和解，其实也是改变传统的简单、粗暴的执法方式，维护社会主义和谐。当然，这里的和谐不是无原则的一团和气，而是应该符合民主法治、公平正义、安定有序的要求。〔1〕

（二）经济学基础

1. 产业组织理论

西方产业组织理论最早产生于20世纪30年代的美国，先后形成了哈佛学派、芝加哥学派、后芝加哥学派等。产业组织理论的基本体系是围绕市场结构、市场行为和市场绩效来展开的。其研究的本质问题是：如何在保护市场竞争机制的同时，实施规模经济。其目标有两个，在相关行业（市场）中形成有效竞争，提高竞争者效益；充分利用规模经济效益，提高行业整体经济效益。这也决定了产业组织政策的双重性：既抑制垄断，同时又鼓励发展规模经济。这决定了对企业并购不能简单地禁止，否则会打击经营者发展规模经济，提高行业整体发展水平的积极性，但

〔1〕 殷继国：《反垄断执法和解制度：国家干预契约化之滥觞》，中国法制出版社2013年版，第78页。

是并购又不能导致垄断，损害相关市场内的有效竞争。合并救济正是应这种需求的产物，并购申报方提出合并救济措施，消除了反垄断执法机构的竞争关注，反垄断执法机构就批准并购。这样既实现了规模经济，又不会损害市场有效竞争。[1]

2. 执法成本的下降、效率提高。

反垄断执法和解既是和解双方为解决反垄断争议签订的和解契约，又是反垄断执法机构所做的行政决定，也就意味着反垄断执法和解制度兼具了前二者的优势与功能。首先，因为被纳入了反垄断执法机构的行政决定，反垄断执法和解较之普通的契约而言，更具有持久性和权威性。违反普通合同，最常见救济措施是实际履行、损害赔偿等；若违反了和解决定，除普通的救济措施外，反垄断执法机构还可以对违约方处以行政罚款、重新启动调查程序、分拆并购企业等。在美国同意判决制度中，违约方甚至会被“为和解决定付出努力的法官控告其藐视法庭”。其次，反垄断执法和解由于具有契约因素而更容易接受和执行。传统的反垄断执法方式决定了执法机构和并购方之间的对抗，容易引起并购者的抵触情绪，经营者总是想方设法地逃避、片面执行反垄断执法机构的决定，而反垄断执法和解中，经营者和反垄断执法机构是相对平等的，经营者是主动参与到执法进程当中去，主动提出自己的看法与修正建议，这种人性化执法方式有利于反垄断执法机构的行政决定的执行。最后，在传统的反垄断执法方式中，反垄断主管机构对经营者涉嫌垄断的行为进行调查，然后在查明垄断事实的基础上做出相应的行政决定。但是垄断行为的调查非

〔1〕 王峥：《企业合并补救制度研究》，郑州大学2011年硕士学位论文。

常复杂，历时很久，而且经营者的垄断行为都是隐蔽性的，不可能主动配合反垄断执法机构的调查，再加上反垄断执法机构的执法力量也是有限的，不可能把所有的力量常年集中到一个案件的调查上面，经常不得不中途放弃调查。对那些疑难复杂的案件，采用执法和解制度，能够节约执法资源，同时能解决更多的其他反垄断案件。

（三）法律基础—预先申报制度

企业并购最早产生在美国，因此对并购的反垄断规制也是如此。美国反垄断执法机构最初也只能是在通过报刊媒体得知两个企业并购后，再去分析这个并购是否对竞争产生损害或损害威胁。这是一种典型的事后监管行为，效果也不是特别理想。因此，人们逐渐意识到，只有提前阻止对竞争可能存在损害或损害威胁的并购，市场结构才能不被破坏。

1976 年，美国制定了 HSR 法案，这是并购反垄断审查领域的一个重要分水岭。依据该法案，对于达到一定规模的并购，并购方必须向反垄断执法机构提出申报，只有反垄断执法机构审查完毕，认为该并购不存在对竞争产生损害或损害威胁的负面效果时，并购方才能开始实施并购。在审查过程中，并购申报方可以提出合并救济措施方案，以消除反垄断执法机构的竞争关注。预先申报制度是合并救济措施适用的法律基础。

（四）现实需要

反垄断法的域外适用，为合并救济措施提出了现实需要。跨国并购即使不涉及某一法域内的公司，但是如果并购影响到了该法域内的市场竞争，有关国家反垄断执法机构也要对该跨国并购进行审查，但是由于各个国家的反垄法的不同，对于一个并购交易，不同国家的反垄断执法机构可能会做出完全不同的审查决定。例如，波音公司和麦道航空公司的并购，尽管二者都是美国注册的公司，但是这两个公司的并购会影响欧盟空中客车公司的利益，对整个世界民用飞机市场的竞争都会产生影响，因此，根据欧盟并购控制制度，欧盟委员会有管辖权。但如果美国反垄断机构同意波音公司和麦道航空公司的并购，而欧盟予以完全禁止，则将对美国和欧盟的关系产生影响，甚至不排除美国以后故意禁止欧盟公司并购的可能。适当的办法是既批准波音和麦道的并购，同时又对其合并设定一些限制条件，消除或最大程度减少这一并购对欧盟空中客车公司，对世界民用飞机市场的不利影响。事实上，欧盟委员会对波音公司和麦道航空公司的并购，正是采取了这种附加限制性条件通过的做法，这里的限制性条件即合并救济措施。〔1〕合并救济措施也符合反垄断法域外适用中的礼让原则，将更好地解决跨国并购反垄断法适用的冲突。合并救济已经成为世界主要国家和地区规制经营者集中的主要手段。

四、合并救济制度的价值

（一）规模经济效应与市场有效竞争双赢

企业要发展，实现规模经济效应。有两种途径，一种是依靠企业自身的积累，不断扩大再生产；另一种就是企业并购。《2000年世界投资报告》中说道，“要揭示企业为什么愿意通过并购而不是内部扩张来增长，速度是至关重要的。当企业在国内或国外扩

---

〔1〕 韩立余：《经营者集中救济制度》，高等教育出版社2011年版，第14~15页。

张时，并购是达到预期目标的最迅速的途径。”而且，并购能够使得并购企业获得被并购企业的战略资产，节约内部的交易成本。因此，并购成了每个企业发展壮大的一个最有力的战略。企业并购带来规模经济效益的同时，也带来了反垄断风险，因此，各国反垄断执法机构都要求对一定规模以上的并购实施反垄断审查。

事实上大多数并购，只是为了获得规模效应，并不是为了获得市场优势地位，攫取垄断利益，若是一味地禁止并购，可能也会失去并购带来的效率。可是该并购又可能是损害市场有效竞争的，不可能获得无条件批准。因此，各国反垄断执法机构接受合并救济措施，允许经营者对反垄断执法机构认为可能损害竞争的地方进行修改，这样，就实现了规模经济与公平竞争的双赢。

（二）兼顾执法效率与执法公平

作为反垄断法中最重要也最为关键的程序制度，执法和解存在的根基便是改变传统反垄断执法效率低下的局面，该制度是为提高反垄断执法效率而产生的，因而效率应当是其核心价值。但是，反垄断执法作为一种行政行为，必须坚持合法以及合理原则，保障行政相对人的合法权益，更不能损害社会公共利益。因此，反垄断执法和解制度的设计及运行应当在坚持效率中心主义价值取向的前提下，权衡效率与公平之间的关系。在处理反垄断执法和解制度的效率价值与公平价值的冲突时，我们不能追求唯效率论，也不能采取公平优先，兼顾效率的处理原则，而应当坚持效率优先，兼顾公平的原则。[1]

---

〔1〕 殷继国：《反垄断执法和解制度：国家干预契约化之滥觞》，中国法制出版社 2013 年版，第 98~99 页。

（三）避免并购失败给经营者造成的成本损失

反垄断执法是个复杂的过程，其中涉及很多的经济分析以及反垄断执法人员的自由裁量权，例如并购的反竞争效果的审查因素就是多样的，因此，并购申报者无法预料到并购能否顺利获得批准。

现实中，达到并购申报标准的并购案件一般交易金额也很高，因此之前寻找并购目标、委托中介、策划并购方案、谈判、资产评估等费用都是很高的，一旦并购被禁止，这些准备工作都会被浪费，而且还涉及机会成本的丧失。但是，通过合并救济，当反垄断执法机构提出异议时，并购申报人能够在自己可接受的范围内提出合并救济措施，以消除反垄断执法机构的竞争关注，这样可能会避免并购被禁止造成的成本损失。

五、小结

合并救济，是指在并购审查中，为了消除反垄断执法机构对并购交易的竞争关注，由并购申报方向反垄断执法机构提出的消除并购导致的反竞争效果的解决方案，反垄断执法机构如果认为该救济方案能够消除并购带来的反竞争效果，可以决定附加限制性条件批准并购，结束审查程序。合并救济制度的产生和存在就有各方面的基础，从哲学文化角度，美国的实用主义哲学以及中国以和为贵的文化思想；从经济学角度，合并补救制度能够平衡规模经济与有效竞争，而且，能够降低反垄断执法机构的成本，提高执法效率；从法律的角度来看，预先申报制度使合并救济制度的适用成为可能，否则以前都是反垄断执法机构对已经完成的并购实施反垄断审查。从现实需要来看，也是如此，合并补救制度能够协调各国对同一项跨国并购反垄断审查结果可能产生的不一致，能够减少国家之间的冲突与摩擦。合并救济作为一种新的行政执法方式，从本质上来说是契约制度在行政执法领域的适用，因此，它集合了这两种制度的优点，能够实现规模经济与市场有效竞争双赢、兼顾执法效率与执法公平，同时，还能使并购经营者避免由于并购失败造成的成本损失。

第二节　合并救济程序的启动

一、合并救济程序启动的前提条件

（一）并购交易符合反垄断审查申报的标准

在商业社会中，时间就是金钱。因此，企业并购应该是越早完成越好。而反垄断执法机构作为行政机构，不能过度干预经济，而且行政资源也有限，不可能对所有的并购进行审查。美国1976年《哈特-斯考特-罗迪诺修订法》开创了并购预先申报审查制度[1]。其规定了并购交易需要申报的具体标准，该申报标准几乎每年都要根据美国国民经济的发展情况进行调整。我国《反垄断法》只规定了不需要申报的标准，在2008年《国务院关

〔1〕《克莱顿法》第7条A（a）（2）规定："获取投票权证券和资产符合以下条件的，必须事前申报制度：（A）交易总额超过2亿美元；（B）交易总额超过5千万美元，不足2亿美元，且属于以下三种情况之一：（1）取得者总资产或年度纯销售额在1亿美元以上，被取得者从事制造业、年度纯销售额或总资产在1千万美元以上；（2）取得者总资产或年度纯销售额在1亿美元以上，被取得者不从事制造业、总资产在1千万美元以上；（3）取得者总资产或年度纯销售额在1千万美元以上，被取得者总资产或年度纯销售额在1亿美元以上。"

于经营者集中申报标准的规定》的第3条，规定了申报标准。[1]

只有并购交易的规模达到了反垄断审查申报的标准，企业才需要预先向有管辖权的反垄断执法机构申报。反垄断执法机构接受申报后，对并购的反竞争效果进行审查，这时才涉及合并救济制度。前面也说过，预先申报制度是合并救济的法律前提。

（二）并购可能损害相关市场的有效竞争或具有损害威胁

并购可能损害相关市场的有效竞争或具有损害威胁，是指反垄断执法机构通过考察和分析并购双方的市场份额、相关市场的价格波动、产品替代、购买方力量以及市场准入等相关因素的基础上，综合评估并购对相关市场可能造成的反竞争影响。

并购申报方提交并购申报，反垄断执法机构正式立案，并开始审查。对于那些不会给竞争带来损害的并购，反垄断执法机构会直接无条件批准并购，而且无条件批准的并购案件占立案总案件的绝大多数，截至2014年12月31日，中国商务部共受理了990件并购申报案件，其中，无条件批准的并购案件有964件。跨国并购反垄断审查的目的只在于维持或恢复相关市场的竞争。因此，只有对于那些可能对相关市场造成损害或损害威胁的案件，反垄断执法机构才会通过一定的方式表达其竞争关注，才能

---

[1] 参与集中的所有经营者上一会计年度在全球范围内的营业额合计超过100亿元人民币，或者在中国境内的营业额合计超过20亿元人民币，并且其中至少两个经营者上一会计年度在中国境内的营业额都超过4亿元人民币。《国务院关于经营者集中申报标准的规定》已于2024年修订施行，其第三条规定了申报标准：参与集中的所有经营者上一会计年度在全球范围内的营业额合计超过120亿元人民币；或者在中国境内的营业额合计超过40亿元人民币，并且其中至少两个经营者上一会计年度在中国境内的营业额都超过了8亿元人民币。

开始合并救济措施的磋商等程序。反垄断执法机构不能过度执法，否则将会损害并购的规模经济效益。

美国司法部反托拉斯局在《并购救济指南》的指导原则中指出，在推荐特定救济措施前，必须有充分的证据证明并购将违反《克莱顿法》第 7 条，且已造成的损害足以表明应当采取救济行动。反托拉斯局不应当寻求并非为防止反竞争效果所必需的救济或裁决，因为可能会对并购企业造成不合理的限制并且提高消费者的成本。所以，即使并购申报方在调查早期就愿意和解，反托拉斯局也必须掌握充分的信息，以确保有可靠的证据证明在协商和解方案达成前可能发生违法行为。[1]

（三）并购引起的竞争问题具有可救济性

如果一项并购对相关市场的竞争损害是如此巨大，以至于没有救济措施能够消除这种损害，或者救济成本超过了并购所能带来的效率，反垄断执法机构只能做出禁止并购的决定。反垄断执法机构只有对不予以禁止的并购才能附加限制性条件。合并救济不是万能药，对于那些患有严重疾病的并购，根本无法救治，只能禁止并购。对于有些并购来说，消除并购引起的反竞争效果的救济措施不可能找到，这种情况下，唯一的可能就是禁止并购。当然，在所有的并购申报中，并购申报方都可以提交合并救济方案，与反垄断执法机构进行磋商，最终结果可能是反垄断执法机构认定其提出的合并救济措施缺乏法律依据或者证明力，不能消除反垄断执法机构的竞争关注。欧盟委员会认为，如果并购方提

---

〔1〕 美国律师协会反垄断分会编，李之彦、王涛译：《美国并购审查程序暨实务指南》，北京大学出版社 2011 年版，第 471 页。

交的救济是如此广泛和复杂，以至于委员会不可能以所要求达到的确定程度来确定能够恢复市场上的有效竞争，那么，也只能做出禁止并购的决定。

二、合并救济程序的启动主体、时间和方式

（一）合并救济程序的启动主体

虽然一项跨国并购涉及的法律主体很多，但是有权启动合并救济程序的主体却是有限的，通常是并购申报方或者反垄断执法机构，或者两者都有启动的权限，这与各个国家的反垄断执法机构的性质相关。

以美国为代表的司法主导的反垄断审查模式中，反垄断执法机构承担的是公诉人的角色。当反垄断执法机构认为并购可能对相关市场的竞争具有损害或损害威胁时，可以向法院起诉，法院在听取各方意见的基础上，将做出最终裁决。在这种模式中，并购申报人和反垄断执法机构都可以启动合并救济措施程序。在美国的实践中，为了消除反垄断执法机构对并购引起的竞争的关注，并购申报方首先会主动向反垄断执法机构提交合并救济措施方案，如果反垄断执法机构认为该方案能够维持或恢复相关市场的竞争，则会以和解的形式结束该反垄断审查，不会向法院起诉。如果双方没有达成和解，反垄断执法机构向法院起诉后，无论是联邦贸易委员会还是司法部反托拉斯局都会主动向法院提议合并救济措施，例如，2010 年的 US. /Election Systems and Software Inc. 一案中，美国司法部反托拉斯局认为，Election 收购 Premier Election Solution 的行为将会严重损害美国投票设备系统

市场的有效竞争，要求法院判决剥离 Premier Election Solution 的投票系统，包括相应的有形资产和无形资产。最后，法院支持了司法部的诉讼请求。[1]

以欧盟为代表的行政主导的反垄断审查模式中，反垄断执法机构可以直接做出最后的决定，法院只进行有限的司法审查，一般会尊重反垄断执法机构的专业性决定。在这种模式下，有权提起反垄断合并救济措施只能是并购申报人。例如，欧盟规定，在并购当事人申报后，欧盟将其所关注的竞争问题告知申报人，允许他们提出合适的合并救济措施，接下来，并购当事人主动提交合并救济方案，欧盟委员会不会强加任何条件于并购申报人身上，如果欧盟委员会认为合并救济措施无法消除其竞争关注，只能做出禁止并购的决定。[2] 我国 2009 年《经营者集中审查办法》第 11 条也规定了在并购审查过程中，申报人可以提出限制性条件方案，以消除反垄断执法机构的竞争关注。[3]

虽然从理论上来说，合并救济措施可以由并购申报人和反垄断执法机构提出，但是反垄断执法机构一般不会主动就特定的并购交易提出合并救济措施，而是由并购申报人提出。这种被动角色的合理性植根于国家对市场适度干预的理念，考虑到政府的有限理性以及政府失灵的可能，反垄断执法机构不适合主动依职权

〔1〕 丁茂中：《经营者集中控制制度中的资产剥离问题研究》，上海社会科学院出版社 2013 年版，第 91 页。

〔2〕 参见欧盟《关于第 139/2004 号理事会条例和第 802/2004 号委员会条例项下可以接受的救济措施的委员会通知》，第 6 条。

〔3〕 2023 年《经营者集中审查规定》第 39 条规定，为减少集中具有或者可能具有的排除、限制竞争的效果，参与集中的经营者可以向市场监管总局提出附加限制性条件承诺方案。

对并购交易设计合并救济措施，以避免不当干预和过度干预。但是，反垄断执法机构对竞争的关注，决定了合并救济措施的范围和性质。欧盟竞争总司的 Got Drauz 就曾提到："设计与提出合并救济措施的最终义务人属于并购当事人而非欧盟委员会，但欧盟委员会对于待解决的竞争问题的评估，直接决定了合并救济措施的性质和范围。"〔1〕

（二）合并救济措施提起的时间

1. 申报阶段

由于现在很多国家存在申报前磋商的制度，因此，在申报时，并购申报人可能已经知晓了反垄断执法机构的竞争关注的地方，所以在提交并购申报时，同时附加合并救济措施。欧盟《可接受救济措施通告》第 18 条规定，欧盟委员会可以在任何阶段接受并购经营者的承诺；第 78 条又规定，当事人各方可以非正式地向委员会提交合并救济措施方案，即使在正式申报前都可以。此举虽然好像有自己打自己脸的风险，但是对于推动并购的反垄断审查是有积极效果的，这不仅表现在审查速度上，而且实践中也出现了很多好的审查结果。

2. 初步审查阶段

根据各国的实践，参与并购的经营者在这一阶段提出合并救济措施的比例是很高的，尤其是在反垄断执法机构已经明确说明该并购可能存在的影响竞争的问题时。欧盟《可接受救济措施通告》第 78 条规定，当事人必须在自申请日起 20 个工作日内递交合并救济措施方案，欧盟委员会应在此之前的适当时间内告知并

〔1〕 韩伟：《经营者集中附条件法律问题研究》，法律出版社 2013 年版，第 77 页。

购申报人其对竞争的关注。由于初步审查阶段本身的时限较短，因此，初步审查阶段的合并救济措施要非常注意时效性。

由于案件只有在实质审查阶段才会经过详细的竞争分析，因此只有引起竞争关注的问题是非常确定并且可救济的，不需要做进一步的调查，初步审查阶段的合并救济措施才能被接受。此外，在初步调查阶段的合并救济措施是不能被修正的，除非这个修正是为了让合并救济措施能更好地运行和更有效。如果合并救济措施被认为不能有效消除反垄断执法机构的竞争关注，反垄断审查将会进入实质审查阶段。

3. 实质审查阶段

实质审查阶段是跨国并购反垄断审查中非常重要的环节，各国的反垄断实践也普遍都允许并购申报人在此阶段提出合并救济措施。欧盟对并购申报人在实质审查阶段提出合并救济措施的时间提出了非常严格的规定。并购申报方必须在实质审查程序启动65个工作日内提交合并救济措施，当最终决定的时间根据法律的规定顺延时，救济措施的最后截止时间也相应顺延。只有在特殊的情况下，委员会才可能会接受超出期限后首次递交的合并救济措施。对于递交合并救济措施是否会导致欧盟委员会做出最终裁决的期限顺延，欧盟法规定，如果并购当事人在实质性程序启动后55个工作日内递交承诺的，委员会必须在实质性程序启动后不超过90个工作日内做出最终决定，并购当事人是在55个工作日以后，甚至65个工作日之后提交的合并救济措施，委员会做出最终决定的时间将增加到105个工作日，虽然当事人在55个工作日内递交合并救济措施方案，但是在第55个工作日或以后递交承诺修改版的，做出最后决定的期限也将顺延到 105 个工作日。[1]

这里还涉及的一个问题就是，如果并购当事人在申报时或初步审查阶段提交了合并救济措施，甚至在实质审查阶段也提交了合并救济措施，但是经过调查，反垄断执法机构最终认为该并购对相关市场的竞争不构成损害，反垄断执法机构应该通知并购申报人撤销已提交的合并救济措施，如果并购申报方没有撤销合并救济措施，反垄断执法机构会无视这些合并救济措施，这些合并救济措施方案不构成反垄断执法机构准许并购的条件。

（三）提出合并救济措施的方式

从各国的执法实践来看，虽然各国都允许并购申报人采用非正式的方式向反垄断执法机构初步表达其提交合并救济措施的意愿，但是合并救济措施只能以书面的方式提出，并购申报人必须在合理的期限内向反垄断执法机构提交符合相关规定的书面材料。

对于书面材料的内容要求，不同国家的做法不尽相同，整体上可以分为三类，一是没有对书面材料的内容做具体规定，例如，美国。美国司法部和联邦贸易委员会没有对并购申报人关于合并救济措施的书面资料做任何规定，书面材料的内容都是根据并购申报人自身的认知和需求来设计的；二是只对书面材料的内容做出原则性规定，例如，中国。2009 年《经营者集中审查办法》第 12 条规定，申报方提出的限制性条件应该能够消除反垄断执法机构的竞争关注，并且具有可操作性，条文清晰明确。三是除了对书面材料的内容做了相应的要求外，还对书面材料的格

〔1〕 丁茂中：《经营者集中控制制度中的资产剥离问题研究》，上海社会科学院出版社 2013 年版，第 95 页。

式安排规定，例如，欧盟。欧盟的《致欧盟委员会的承诺书》的范本中，对资产剥离的内容和格式作了特别清晰的说明。[1]

此外，当事人的合并救济措施可以存在多个版本，供反垄断执法机构在其中挑选。Linden/BOC 一案中，Linden 公司为了消除反垄断执法机构对竞争的关注，提出了 A、B 两套资产剥离方案，供反垄断执法机构选择。反垄断执法机构通过市场测试，认为 A 剥离方案的风险过大，因此最终确定选用 B 剥离方案。[2]这里的备用方案与“皇冠上的明珠”不同，“皇冠上的明珠”是在剥离不成功时，尤其是剥离资产范围导致的剥离不成功时，扩大剥离资产的范围或重新选择其他更好的资产。而这里的多套方案是并存的，每一套方案并购都可能能够消除或者减轻并购对竞争的损害。

三、小结

当反垄断执法机构审查一个跨国并购交易申报时，可能识别出竞争问题，也可能不存在竞争问题。如果反垄断执法机构不认为该项并购将对相关市场的竞争造成损害时，将无条件批准并购，不需要救济措施；相反，如果竞争问题被确认存在，接下来的问题就是适用什么样的救济措施。当然，在一些情况下，即使反垄断执法机构认为并购会导致竞争问题产生，但是救济措施可能是不需要或者不合适的。第一种情况是，竞争问题的产生是小概率

---

〔1〕 丁茂中：《经营者集中控制制度中的资产剥离问题研究》，上海社会科学院出版社 2013 年版，第 96 页。

〔2〕 韩伟：《经营者集中附条件法律问题研究》，法律出版社 2013 年版，第 79 页。

事件，即几乎不太可能产生；第二种情况是效率抗辩，不会导致实质性地减少竞争；第三种情况是，没有合适的救济措施。[1]

合并救济的启动必须满足一定的前提条件，首先，并购是需要申报的；其次，并购损害相关市场的有效竞争；最后，并购对竞争的损害是可以救济的，存在救济措施。在满足这些条件的情况下，一般是并购申报人针对反垄断执法机构提出的竞争关注，来提出适合的合并救济措施，虽然美国的反垄断执法实践中，联邦贸易委员会和司法部都直接向法院提出过合并救济措施，并且获得法院的批准，但是并购申报人提出合并补救方案，仍然是各国合并救济制度的主流做法。并购申报人可以在任何阶段提出合并救济措施（在进一步审查阶段结束前的一段时间内是不允许的，否则会导致反垄断执法机构没有足够的时间评估合并救济措施是否是可接受的），甚至可以在提交并购申报时，同时提交合并救济措施。各个国家一般均要求合并救济措施采用书面的方式提交，但对于具体采用的形式，有的国家有严格的范本，如欧盟，有的国家则没有强制性规定。

第三节　合并救济措施的种类及救济方案的设计、评估

一、合并救济措施的种类

不同的国家把合并救济措施划分为不同的种类，例如，欧盟

〔1〕 Joe sims and Michael Mcfalls, Negotiated Merger Remedies: How well Do They Solve Competition Problems? October/December 2001, Vol 69: 932.

在2005年《合并救济措施研究》中，将合并救济措施分为：转移市场势力的救济措施、撤出合营企业的救济措施、开放市场的救济措施以及其他救济措施。[1] 2008年《可接受救济措施通告》中，将合并救济措施分为剥离业务给适当的购买方、消除与竞争者的联系、其他救济措施。但是，大多数的反垄断执法机构都认同合并救济措施有两种基本形式：一种是针对市场结构，被称之为结构性救济措施；另一种是针对并购后企业的行为，被称之为行为性救济措施。例如，美国司法部反托拉斯局《并购救济指南》中，救济措施的类型包括结构性救济措施、行为性救济措施以及混合性救济措施。英国2008年《合并救济措施：竞争委员会指南》对救济措施也做了同样的分类。我国限制性条件也是包括结构性救济措施、行为性救济措施以及综合性救济措施[2]。

（一）结构性救济措施

结构性救济措施是指一次性达到维持或者恢复市场结构目的的方法。在绝大多数的横向并购案件中，反垄断执法机构都会采用结构性救济措施。结构性救济措施通常直接称之为资产剥离，包括剥离使购买方成为有效、长期竞争者所需的所有资产，剥离一项既存的业务单位，剥离关键的无形资产等。如果参与并购的企业与第三方主体，特别是竞争对手之间的特定联系会导致并购交易产生严重的反竞争效果，可能就需要剥离参

〔1〕 DG COMP, European Commission, Merger Remedies Study.

〔2〕 限制性条件包括如下种类：（一）剥离有形资产、知识产权等无形资产或相关权益等结构性条件；（二）开放网络或平台等基础设施、许可关键技术（包括专利、专有技术或其他知识产权）、终止排他性协议等行为性条件；（三）结构性条件和行为性条件相结合的综合性条件。

与并购的企业所持有的其他企业的股份，来消除它们之间的联系。当并购企业持有竞争对手的少数股份而获得的经济利益本身不会导致竞争问题时，反垄断执法机构可能同意并购企业在保留其股份、继续享受相关经济利益的前提下，放弃董事会席位、否决权等股东权利。

剥离，是指企业出售其部分现有经营设施、分部或附属企业。合并救济措施中的资产剥离，是将特定资产或业务出售给新的潜在的市场进入者，为其创造在相关市场中有效竞争的条件；或者将特定的资产或业务出售给相关市场中独立于并购企业的现有竞争者，强化其市场竞争力，以维持相关市场的竞争程度。为了论述上的简便，后文所写的资产剥离就是合并救济措施中的资产剥离，涉及其他特殊的资产剥离的，会在前面添加修饰语。

资产剥离更多的是公司法，更准确地说，是证券法上的概念。上市公司资产重组包括扩张性重组和收缩性重组。前者就是本书所探讨的并购，以实现 1+1>2 的效应，后者主要就是资产剥离，以实现 4-3>1 的效果。因此，证券法中的资产剥离也被称为逆向并购。证券法中的资产剥离是指公司将其分支或附属机构或自身的股份出售给公司股东、管理人员或者其他公司，剥离的形式包括出售子公司、产品生产线、固定资产等，还包括分立、分拆上市、管理层收购等被视为特殊形式的资产剥离。例如，联想集团在 2001 年推行多元化战略时，其在中国个人电脑市场的份额高达 30%，但是到 2004 年初时，市场份额下降为 25.1%左右，而竞争对手戴尔已经上升了 2 个多百分点，于是，联想为了回归核心竞争力，主动剥离了全部的 IT 服务和 IT 咨询服务，专注于其核心业务。[1] 由此，我们可以知道，证券法中的资产剥离和合并救济措施中的资产剥离主要有以下区别：首先，目的不同。合并救济措施的资产剥离的目的是在相关市场中培植竞争者，维护市场竞争，消除反垄断执法机构的竞争关注；而证券法中的资产剥离的目的是提高资源的优化配置，提高企业的核心业务竞争力，避免大而不强的局面出现。其次，剥离资产的性质和范围不同。合并救济措施中剥离资产是指会引起反竞争效果的资产，一般是并购双方或多方的重叠业务，如果不剥离，会增强并购企业的市场支配力；证券法中的剥离资产可能是闲置不用的资产，也可能是与核心业务完全不同的资产，对企业提高核心业务竞争力不利；最后，购买方也不同。合并救济措施中的购买方必须是独立的能够培育出新的竞争力量的第三方，购买后双方要完全独立，而证券法中的购买方可以是股东、管理者等，购买后也不需要保持独立，甚至可以共用很多广告宣传资源等基础设施。

资产剥离在反垄断法中还有另外一个功用，即作为对经营者滥用市场支配地位的一个处罚手段。[2] 我国反垄断法对经营者滥用市场支配地位没有直接规定拆分企业的处罚措施，但在美国历史上，在1890-1974年间，美国法院共作出了24起分拆企业作为惩罚手段的判决，包括北方证券公司、标准石油公司以及北

---

〔1〕 焦佳嘉：《企业资产剥离理论研究》，武汉理工大学2007年硕士学位论文。

〔2〕 魏梅：《论滥用市场支配地位的反垄断法规制》，吉林大学2004年硕士学位论文。

大西洋电报电话公司等。[1] 虽然合并救济措施中的资产剥离与作为经营者滥用市场支配地位的资产剥离在本质上是相同的，都是为了保护市场竞争。但是二者仍然存在很多差异。首先，任意性与强制性。合并救济措施中的资产剥离一般是经营者为了消除反垄断执法机构的竞争关注而主动提出来的，反垄断执法机构无权单方面强加任何条件给并购申报方。而滥用市场支配地位的资产剥离具有非常明显的强制性，不论是剥离程序的启动，还是剥离资产的范围，都完全是由反垄断执法机构掌控的。其次，救济性和惩罚性的差异。合并救济措施可以从两个方面理解，从经营者角度来看，是对可能失败的并购进行救济，期待反垄断执法机构准许并购，从反垄断执法机构的角度，是对可能被损害的竞争进行救济，以期能够维持相关市场上的竞争。在反垄断执法机构作出附加限制性条件通过并购的决定时，是一种双赢的局面。相反，作为处罚手段的企业拆分具有明显的惩罚性。强制特定的企业剥离企业的资产通常会实质性地减损其拥有的市场势力，严重损害甚至威胁企业的生存和发展，它的惩罚后果远远比三倍损害赔偿要严厉得多，因此，反垄断执法机构在采取这个措施时要特别谨慎，其存在形态只能是法律明确规定，反垄断执法机构不能类推制定或执行这方面的内容。[2]

（二）行为性救济措施

行为性救济措施主要由一些保障竞争者使用并购方拥有的一

---

〔1〕 张惠杰：《论滥用市场支配地位的反垄断法规制》，河北经贸大学 2013 年硕士学位论文。

〔2〕 丁茂中、林忠：《经营者集中控制制度的理论与实务》，复旦大学出版社 2012 年版，第 102~104 页。

些关键的资产、原料或者技术的承诺构成，因此，主要适用于纵向并购交易。在这些交易中，上下游市场联系起来，并购企业可以封锁潜在或者现有竞争者的进入。行为性救济措施必须结合并购交易的具体情况，因此其形式具有开放性，无法被完全列举，也很难进行归纳分类。欧盟的《可接受救济措施通告》对行为性救济措施只在其他救济措施项下介绍了开放救济和变更长期排他性合同，美国司法部《并购救济指南》主要从行为性救济措施的具体表现形式进行了列举分析，如防火墙条款、透明度条款等。国际竞争网络组织（ICN）对行为性条件进行了比较特殊的分类，即依据行为性救济措施试图实现的目的，将他们分为“促进横向竞争的行为性救济措施”和“控制合并交易结果的行为性救济措施”两类，前者包括限制与客户之间的关系、限制纵向关系的影响以及便利买方改变购买行为；后者包括价格控制、供应承诺和服务水平承诺。本书将采用列举的方式，分析介绍适用频率最高的几种行为性救济措施。

1. 开放承诺

开放承诺在不同的国家称谓并不相同，欧盟委员会将其称为开放承诺（Access Remedies），指并购申报人承诺将其控制的关键基础设施或网络、关键技术等重要资源在非歧视、透明的情况下许可第三方进入或使用，以维持相关市场上的竞争。在美国，则使用强制许可条款（Mandatory Licensing Provision）这一概念[1]。加拿大则使用知识产权许可（Licensing Intellectual Property）和

〔1〕 See Mandatory Licensing Provisions of “Antitrust Division Policy Guide to Merger Remedies, 2011”, pp. 15-16.

非歧视开放（Non-Discriminatory Access）两个概念来共同组成开放承诺。[1] 尽管具体概念不同，但是其包含的行为性救济措施基本是一致的，主要包括许可使用网络、平台等基础设施，许可使用专有技术或知识产权以及供应其他必要投入要素三种方式。并购带来的市场结构的变化会给相关市场的准入形成大的壁垒，这些壁垒可能是由于并购方对基础设施的控制所导致的，特别是网络、关键技术（包括专利）、专有技术以及其他知识产权。在这种情况下，救济措施主要是通过允许竞争者获得相关基础设施或核心技术来获得市场准入。[2]

欧盟委员会竞争总局的《合并救济研究报告》中指出，只有在以下合适的场合，才能适用开放承诺。首先，资产剥离是不可行的；其次，竞争问题是由于特定的情况导致的，例如存在排他性协议、网络效应，核心专利技术联系等，其他行为性救济措施也不能有效维持或恢复竞争。[3] 在制定具体的开放承诺时，要注意以下几点：第一，授予关键资产使用的非独占性许可，应提供并授予足够多的潜在使用者；第二，许可应给出清楚的使用范围，划分恰当的区域，保障充足的资源使用期限，并且以可行的商业条件进行授予；第三，此类承诺中不可含有对竞争有负面影响的条款；第四、许可不应有利于授权人和其受益人之间达成协调行动；最后，在许可承诺中应该有复查条款。[4]

---

〔1〕 刘武朝：《经营者集中附加限制性条件制度研究——类型、选择及实施》，中国法制出版社 2014 年版，第 49 页。

〔2〕 See Merger Remedies Study DG COMP, European Commission, p. 115.

〔3〕 See Merger Remedies Study DG COMP, European Commission, p. 114.

〔4〕 See Merger Remedies Study DG COMP, European Commission, p. 120.

（1）许可使用网络、平台等基础设施。开放并购企业的网络、平台等基础设施，可能是便利竞争对手进入相关市场所必须的，这种救济措施是为了处理并购交易导致的竞争封锁效应。这类救济措施经常涉及的是电信网络、付费电视平台、机场航站机位、运输管道等网络或平台。

BSkyB/ Kirch Pay TV 一案中，为了降低德国付费市场的准入门槛，并购当事人承诺开放 Kirch 的技术平台，以预防 Kirch Pay TV 将其在该市场上的支配地位传导到数字互动电视市场上。[1] 在前面提到的 Ticketmaster Entertainment/Live Nation 一案中，反垄断执法机构附加的行为性救济措施包括要求 Ticketmaster 授权其他竞争者使用其开发的票务销售系统，并利用该票务系统建立拥有自己公司商标的票务销售系统。

SGI 收购 Alias/Wavefront 一案中，这项垂直并购将使竞争者不得不同时进入工作站和娱乐制图软件两个市场，市场进入壁垒也大大提高。联邦贸易委员会提出的一个合并救济措施是：由于 SGI 公司的工作站操作系统是具有安装基础的行业标准，联邦贸易委员会要求它保持其开放式的构建并公布其运行程序界面，以使 Alias/Wavefront 公司之外的软件开发商能够使用 SGI 公司的工作站。[2]

（2）许可使用专有技术或知识产权。知识产权是企业最终的、核心资产，也是企业在市场竞争中取得胜利的关键因素。因

〔1〕 韩伟：《经营者集中附条件法律问题研究》，法律出版社 2013 年版，第 66 页。

〔2〕 丁茂中、林忠：《经营者集中控制制度的理论与实务》，复旦大学出版社 2012 年版，第 85 页。

此，如前所述，剥离资产不仅包括有形资产，还包括无形资产，而且即使是有形资产的剥离，也通常都附带着相关的知识产权。但是，合并救济措施的目的在于维持或恢复并购前的竞争，因此，救济措施要符合必要性和有效率的原则。如果合并后的企业需要保留技术或知识产权，而且通过将技术或知识产权许可相关竞争者使用，就能够达到反垄断法的目标，那么资产剥离就是不必要的，并购申报人将会被允许保留关键的无形资产，只需要向竞争者提供非排他性的授权许可。并购企业在一定的期限内授权第三人使用专有技术或知识产权，目的是减少或消除潜在竞争者进入市场或竞争对手发展壮大的障碍，被授权使用专有技术或知识产权的第三人能够有效地与并购后企业开展竞争。

在 Astra/Zeneca 一案中，欧盟委员会调查结果显示，在瑞典和挪威的普通 β 受体阻滞剂市场上，Zeneca 是 Astra 的主要竞争者，而且 Zeneca 非常致力于将它生产的纯 β 受体阻滞剂阿替洛尔来替代 Astra 在这些国家销售的 β 受体阻滞剂。因此，这两个企业的并购肯定会排除这两个替代产品的竞争，为了消除欧盟委员会的竞争关注，并购方主动提出将纯 β 受体阻滞剂阿替洛尔在瑞典和挪威的独家销售权授予一个独立的第三方，且该期限不短于十年。[1]

（3）供应其他必要投入要素。有些行为性救济措施涉及并购申报方承诺在特定期限内，向第三方提供构成相关市场中的基

---

〔1〕 Massimo Motta, Michele Polo and Helder Vasconcelos, Merger remedies in the European Union: An overview, THE ANTITRUST BULLETIN: Vol. 52, Nos. 3 & 4/Fall-Winter 2007: 622.

础投入要素的产品或服务。

Matra/Aerospatiale 一案中，两家法国卫星生产商计划在特定卫星部件的生产方面组成合营企业，欧盟委员会担心，并购后的企业只将他们的产品向合营企业提供，停止向第三方供应卫星生产所需的中央管以及天线反射器，从而产生或加强相关市场支配地位。最终，并购申报人承诺以非歧视价格向任何感兴趣的第三方出售卫星中央管和天线反射器。[1]

2. 非歧视条款

非歧视条款强调并购后企业向客户提供的机会和条件都应当平等，确保并购当事人之外的其他竞争者能够获得上游的供应或下游的销售，不被排除在市场竞争之外[2]。举例来说，如果一家上游企业 A 拟并购下游市场中 B、C、D 三个公司中的 D 公司，那么并购后，这家上游企业就有动机对其并购的下游企业的竞争者（即 B 和 C 公司）施加歧视性条款，甚至不再与其它下游企业进行交易。特定情况下，司法部反垄断局会考虑适用非歧视条款，要求上游企业 A 对所有三家下游企业（B、C 和 D）提供同样的交易条件，避免他们面临劣质的产品、更慢的物流时间、更低的服务品质以及其他在获得上游企业 A 的产品方面机会的不平等。[3]

Barnes 公司和 Ingram 公司组建合营企业案中，Barner 是美国最大的书籍零售商，Ingram 是美国最大的书籍批发商，这个并购

---

〔1〕 韩伟：《经营者集中附条件法律问题研究》，法律出版社 2013 年版，第 69 页。

〔2〕 刘武朝：《经营者集中附加限制性条件制度研究——类型、选择及实施》，中国法制出版社 2014 年版，第 50 页。

〔3〕 See Fair Dealing Provision of "Antitrust Division Policy Guide to Merger Remedies, 2011", pp. 14-15.

交易是纵向并购。这个并购引起的竞争关注是基于增加竞争者的成本理论的。联邦贸易委员会认为，合营企业可能以更高价格将书籍批发给 Barnes 的竞争者；降低给 Barnes 的竞争者发货的速度；限制提供热销书籍等。并购方最终没能提出完整的合并救济方案，这也使得对救济措施的讨论是假设性的。我们有充分的理由怀疑这个交易是不可救济的。结构性救济措施要求创造出一个 Ingram 的竞争者，这个不具有现实性，唯一可行的就是一系列的行为性救济措施，基本包括非歧视条款和公平交易条款。但是这些条款非常容易被规避，反垄断执法机构也很难进行监督。[1]

非歧视条款在执行时也存在一些问题。首先，如果上游 A 公司并购了下游 D 公司，上游公司向下游公司出售产品的价格只具有内部会计意义上的因素，则上游公司可以向所有的下游公司确定一个过高的、非歧视的价格。但是这个价格对其他下游竞争者显然是不利的。此外，成本不同是否可以合法地收取不同价格？此类差别是否不属于真正的歧视行为？因此，非歧视条款不仅具有存在对竞争有利的可能性，而且也具有不利于竞争的可能性，反垄断执法机构应该不断地评估和权衡适用非歧视条款的利益和风险。如果决定适用该条款，非歧视条款必须经过精心设计，以便于能够实现反垄断执法的目标，并且不损害市场效率。[2]

---

〔1〕 David Balto, Lessons from the Cliton Administration: The Evolving Approach to Merger Remedies, The George Washington Law Review, October/December 2001, Vol 69: 967-968.

〔2〕 See Fair Dealing Provision of "Antitrust Division Policy Guide to Merger Remedies, 2004", pp. 23-24.

3. 购买承诺

在特定案件中，为了确保第三方在相关市场中作为持续性的有效竞争力量，并购企业会承诺在过渡期内从特定竞争对手那里购买产品或服务。在一些涉及资产剥离的案件中，为维持剥离资产的成活性和竞争性，反垄断执法机构经常要求并购企业与剥离资产购买方之间维持一段时间的交易关系。[1]

VEBA/VIAG 案中，欧盟委员会的竞争关注是并购交易发生后，相关市场上可能会出现 VEBA/VIAG 和 RWE/VEW 的双寡头垄断局面。为了消除欧盟委员会的这一竞争关注，并购申报方同意出售他们在东德的关联公司 VEAG 中的股权，从而使该公司成为独立的竞争者。为了确保 VEAG 的成活性和竞争性，并购申报方承诺在 7 年的过渡期内，从 VEAG 那里购买电能，并确保购买的容量不低于 VEAG 总产能的 50%。[2]

4. 防火墙条款

防护墙条款主要用于阻止企业内部竞争性敏感信息的传播。比如，一家垄断性的上游企业 A 收购了下游市场中 B、C、D 中的 D 公司，上游企业 A 可能会与下游企业分享其获得的 B 和 C 公司的信息，从而便于开展反竞争行为。上游企业 A 与其下游企业 D 所分享的信息，也可能会传递给那些与下游子公司交易的其他上游竞争性企业，这样的信息传递有时也会便利竞争者之间的共谋。司法部反垄断局会认真地设计防火墙条款，确保其能够阻止目标信息被传播，反垄断局会尽力确认潜在信息问题的类型，

[1] 韩伟：《经营者集中附条件法律问题研究》，法律出版社 2013 年版，第 70 页。

[2] 韩伟：《经营者集中附条件法律问题研究》，法律出版社 2013 年版，第 70 页。

从而考虑如何有效地阻隔这些信息。[1]

在前面提到的 Barnes 公司和 Ingram 公司组建合营企业案中，反垄断执法机构的另一个竞争关注是 Barnes 可能利用 Ingram 来获得其竞争对手的竞争性信息。独立图书销售商表达了对他们在 Ingram 公司供应-销售关系中提供的两类信息的关注，第一类是财务信息；第二类是购买的书籍的名称和数量的信息。Barnes 公司可能利用这些信息用于很多商业决策，例如选定理想的书店位置，发现竞争对手的弱点，抢夺竞争对手的营销成果等。不管这些关注是不是具有现实性，其存在本身就已经对竞争有损害后果，例如，如果独立图书销售商认为 Barnes 会搭自己营销成果的顺风车，就不会有动力去开发一个满足特殊需求的图书市场。[2]

在 Northrop Grumman/TRW 案中，美国司法部要求在 Northrop 的载重卫星和卫星业务之间建立防火墙。在 Ticketmaster/Live Nation 案中，美国司法部禁止并购企业将客户的订票数据披露给那些负责体育场馆、音乐会宣传或艺术家管理服务运营或日常管理的职员。[3]

防火墙条款可能引发的问题与监管条款相关。首先，反垄断执法机构需要花费大量的时间和精力来监督和执行防火墙条款；其次，如何设计防火墙条款以确保相关信息在任何情况下不被散

---

〔1〕 See Firewalls Provisions of "Antitrust Division Policy Guide to Merger Remedies, 2011", pp. 13-14.

〔2〕 David Balto, Lessons from the Cliton Administration: The Evolving Approach to Merger Remedies, The George Washington Law Review, October/December 2001, Vol 69: 968.

〔3〕 韩伟：《经营者集中附条件法律问题研究》，法律出版社 2013 年版，第 71 页。

播；最后，防火墙条款往往会破坏并购预计达到的效率。而且，没有人能确保防火墙条款完全起了作用，例如，两个员工在食堂沟通相关信息。鉴于以上原因，防火墙条款是反垄断执法机构在例外情况下才会使用的措施。防火墙条款不经常使用在横向并购案件中，因为无论如何精心地设计防火墙条款，参与并购的企业都能无视防火墙条款的存在而采取协调行动。防火墙条款有时被运用于国防产业的并购案件中，同时，在纵向或非横向的并购案件中，若禁止并购带来的效率损失非常严重，而不加反对地允许并购交易又会对竞争产生损害，偶尔也可以运用防火墙条款。[1]

5. 透明度条款

透明度条款一般涉及并购后企业向监管部门公开一些平时无需提供的信息。比如，电信企业可能被要求向监管部门公开其向消费者收取的电信设备和服务的价格，即使监管部门没有权力去规制这些价格。附加提供的信息，能够帮助监管部门去阻止企业规避监管的行为，比如，电信企业可能对那些与之就电信服务开展竞争的特定电信设备客户收取比其他电信客户更高的价格，来逃避监管[2]。在 MCI Communications/British Telecommunications 案中，美国司法部便要求并购企业披露一系列的信息，包括电信服务的价格、条款与条件、电信服务的流量、特定主体间线路的平均传输时间。需要注意的是，执法部门在考虑使用透明度条款时，应警惕在某些条件下，透明度的提升会便利特定产业环境下

---

〔1〕 See Firewalls Provisions of "Antitrust Division Policy Guide to Merger Remedies, 2004", p. 23.

〔2〕 See Transparency Provisions of "Antitrust Division Policy Guide to Merger Remedies, 2011", p. 16.

企业之间的共谋。[1]

透明度条款存在着与其他管制条款规定相同的问题。首先，如何设计这些条款使得其难以被规避；其次，这些条款要求反垄断执法机构了解附加信息的重要性以及确保附加信息被审查；最后，这些条款要求反垄断执法机构消耗大量的资源来监督和执行这些条款。[2]

6. 禁止报复条款

另一种能够有效的维持或恢复竞争的行为性救济措施就是禁止报复条款，禁止报复措施可以采用不同的形式，比如，可能禁止并购后的企业向那些与其竞争对手签订或打算签订合同，或与其竞争对手从事业务往来的客户进行报复。禁止报复条款可以用来阻止并购后企业的不正当限制竞争行为，也可用来阻止并购后企业对那些就其不遵守合并救济措施进行投诉的主体进行歧视或实施报复。这个条款能够确保潜在的投诉方不会不愿意去投诉，以确保并购企业不会阻碍反垄断执法机构的审查决定的执行。[3]

2010 年美国的 Ticketmaster/Live nation 案设置了禁止报复条款，禁止并购企业报复那些日后与并购后公司终止合作的风险投资人、艺术家或者体育场馆所有人等主体。[4]

7. 禁止特定合同

在某些情况下，司法部反垄断局需要禁止并购方的限制性合

---

〔1〕 韩伟：《经营者集中附条件法律问题研究》，法律出版社 2013 年版，第 72 页。

〔2〕 See Transparency Provisions of "Antitrust Division Policy Guide to Merger Remedies，2004"，p. 25.

〔3〕 See Anti-Retaliation Provisions of "Antitrust Division Policy Guide to Merger Remedies，2011"，pp. 16-17.

〔4〕 韩伟：《经营者集中附条件法律问题研究》，法律出版社 2013 年版，第 72 页。

同行为。限制性或者排他性合同可能对竞争不造成影响，也可能促进竞争。特定市场中，并购企业的一些合同安排可能会限制有效竞争，特别是限制竞争对手获得特定产品的排他性长期供应协议，分销协议或者其他合作协议。并购企业也可能与关键客户签订包含自动延期条款的短期合同，从而封锁或拖延市场进入。如果并购交易前就存在这类协议，并购交易完成后，通过并购企业市场份额的整合，加上这些协议的存在，就可能导致并购企业的封锁效应和市场支配地位。有时通过资产剥离都不足以消除这类反竞争效果，只有通过将这类排他性协议予以终止或修改，才能确保市场上的有效竞争。因此，为了确保并购交易不会导致严重的竞争损害或损害威胁，反垄断执法机构会要求并购企业对既存的特定合同予以修改或者废止，或者禁止并购后企业签订特定的合同。在那些并购后企业将控制竞争对手必须的某种投入要素的纵向并购中，禁止并购后企业签订某些限制性合同，则是非常必要的。[1] 欧盟对于这种行为性救济措施的适用非常谨慎，通常只在一揽子合并救济措施中作为辅助性的措施适用。

在 Boeing/McDonnell Douglas 案中，波音公司承诺在 2007 年 8 月 1 日前，波音公司不再签订新的民用飞机独占销售许可协议，但是有其他飞机制造商（指空中客车）签订了此类协议的情况例外。另外，波音公司放弃其与美国航空公司、德尔塔航空公司及大陆航空公司签署的有关独占销售许可协议条款。

8. 限制再雇佣核心员工条款

资产剥离案件中，针对剥离资产的核心人员，执法部门有时

---

〔1〕 See Prohibitions on Certain Contracting Practices of "Antitrust Division Policy Guide to Merger Remedies, 2011", p. 17.

会要求并购后企业在特定期限内不得重新聘用他们。这是因为，如果并购后企业重新聘用核心人员，则剥离资产面临严重的人才流失，会损害剥离资产的竞争力和成活性，从而影响剥离目标的实现。

（三）混合性救济措施

在有些情况下，结构性和行为性救济措施可能都要使用。混合救济措施就是结构性救济措施和行为性救济措施的组合体，因此，在解决竞争问题时，也是非常实用的。

二、合并救济方案的设计

并不是所有的救济措施都适用于某一并购交易，因此，不同的救济措施并不是可以相互替代的，在某个并购案件中，可能需要不同合并救济措施构成的救济包来消除反垄断执法机构的竞争关注。当反垄断执法机构选定某个救济措施时，必须确信这个救济措施能够消除并购导致的反竞争效果。当然，一个理论上能解决某一竞争问题的救济措施在实践中不一定是有效的，这是因为存在着并购方、第三方、反垄断执法机构的信息不对称情况，而且一些救济措施实施起来比较困难，或者某些救济措施当事人的目的与反垄断执法机构的目的不一致，例如，反垄断执法机构寻找的适合的买方是指有能力、有意愿将剥离资产培育成具有竞争力的力量，但是购买方可能只是想低价购买剥离资产，然后出售获取差价，甚至与剥离义务人进行勾结，欺骗反垄断执法机构。[1]

---

〔1〕 Massimo Motta, Michele Polo and Helder Vasconcelos, Merger remedies in the European Union: An overview, THE ANTITRUST BULLETIN: Vol. 52, Nos. 3 & 4/Fall-Winter 2007: 606.

1. 结构性救济措施优先

在大多数的并购案中，结构性救济措施是更受青睐的，正如Brennan大法官在杜邦案中所说："结构性救济措施是反垄断救济措施中最重要的，它简单，容易执行而且具有确定性。[1]"欧盟《可接受救济措施通告》里也提到，除了禁止并购，最有效的恢复相关市场有效竞争的方法就是通过剥离资产给第三人，培育出一个新的竞争者或者强化现有竞争者的竞争力。结构性救济措施优先于行为性救济措施，经过精心设计的资产剥离裁决简单，比较容易实施，而且确定，能够保持相关市场的竞争。相比而言，行为性救济措施通常设计难度大，执行起来更繁琐且成本更高，而且比结构性救济措施更容易被规避。[2] 美国司法部关于其1993-2003十年间提起的一百多个并购诉讼的总结中，只有不到十分之一的案件只适用了行为性救济措施，而且这些案件都发生在受管制的国防业和通讯业内。

在美国司法部《并购救济指南》中，提到结构性救济措施至少可以减少以下四种行为性救济措施导致的潜在成本。第一，监督成本。行为性救济措施是对并购后的企业的经营行为施加限制性条款，这就涉及反垄断执法机构怎么进行监督的问题，这将耗费大量的人力、物力和财力。第二，并购后的企业力图回避行为性救济措施的精神而不违背其字面规定的行为所造成的间接成

〔1〕 David Balto, Lessons from the Cliton Administration: The Evolving Approach to Merger Remedies, The George Washington Law Review, October/December 2001, Vol 69: 955-956.

〔2〕 美国律师协会反垄断分会编，李之彦、王涛译：《美国并购审查程序暨实务指南》，北京大学出版社2011年版，第474页。

本和社会公共利益的损害。例如，行为性救济措施是并购后企业不得提高价格，并购后的企业通过降低品质来降低成本，这样就变相的实现了提高价格，但最终是浪费了社会资源，损害了消费者的利益。第三，行为性救济措施可能限制具有潜在促进竞争效果的行为，例如，不同的消费者对不同的商品的性能、品质都有不同的要求，甚至愿意为个性的产品支付更高的价格，如果片面要求对所有顾客实施统一的、无歧视的价格，不仅不能增加企业利润，还会损害消费者整体福利。第四，即使对一个企业未来行为的规制是有效的，但这种附加的强制性条件可能妨碍企业有效率地应对市场的变化。[1]

英国 2008 年《合并救济措施：竞争委员会指南》中指出，在并购审查中，英国竞争委员会通常偏向于结构性救济措施，例如剥离或者禁止并购，而不选择行为性救济措施。原因是：首先，结构性救济措施能够根本上、从源头上解决并购带来的实质性减少竞争的负面影响；其次，行为性救济措施对并购引发的实质性减少竞争不能产生作用，或者可能导致市场扭曲；最后，结构性救济措施实施后一般不需要继续监管，而行为性救济措施是一个漫长的监管过程。

但是，结构性救济措施也不是完美的，一方面，在剥离资产的范围上，剥离义务人更倾向于剥离最少的、最不具有竞争力的资产，以便能继续在相关市场上处于优势地位。买卖双方的信息不对称，卖方对自己资产的成活性和可竞争性最为了解，剥离义

〔1〕 美国律师协会反垄断分会编，李之彦、王涛译：《美国并购审查程序暨实务指南》，北京大学出版社 2011 年版，第 474~475 页。

务人出卖劣质资产的风险很难单纯依靠买方的力量来控制；另一方面，就是资产购买方的确定，各国反垄断法都是要求申报方提交推荐名单，再由反垄断执法机构核准确定。由于反垄断执法机构不可能全面了解相关市场中所有的商业主体的情况，剥离义务人可能弄虚作假，甚至与购买方共同欺骗反垄断执法机构，以规避资产剥离。此外，结构性救济措施属于高技术含量的救济手段，需要综合运用经济学、法学以及相关产业的具体知识才能设计出恰到好处的救济方案，这对于反垄断执法机构以及并购申报方的知识技能要求都是非常高的。

2. 在一些特殊情况下，行为性救济措施是最好的选择。

正如前文所说，在并购案件中通常不提倡使用行为性救济措施，因为这种措施会使反垄断执法机构长时间干预市场运行，给政府和公众带来巨大的成本。但是，行为性救济措施正日益被反垄断执法机构接受，美国司法部2004《并购救济指南》对行为性救济措施的表述是“只在有效的情况下，行为性救济措施是适合的”，到2011年《并购救济指南》，已经表述为“在一些情况下，行为性救济措施是最好的选择”。[1] 这些情况主要是以下类别：

第一种情况是，当行为性救济措施有利于向结构性救济措施过渡或者可以支持结构性救济措施时，即行为性救济措施是结构性救济措施的辅助手段。[2] 暂时禁止并购后的企业收回作为剥

---

〔1〕 John E. Kwoka and Dianal L. Moss, Behavioral merger Remedies: Evaluation and Implications for antitrust enforcement, THE ANTITRUST BULLETIN: Vol. 57, No. 4/Winter 2012: 983.

〔2〕 美国律师协会反垄断分会编，李之彦、王涛译：《美国并购审查程序暨实务指南》，北京大学出版社2011年版，第481页。

离资产部分内容的人员[1]，有时可能是保证剥离资产购买方成为有力竞争者的适当手段。剥离一个业务单位通常都会涉及并购企业向资产购买方转移人员的事宜，现有雇员经常是剥离资产生产经营的基本要素，尤其是在资产剥离后的那段时间，也就是说，他们可能是剥离资产有效运行不可或缺的因素，现有雇员可能掌握着关于特殊生产设备的特殊技术知识，知识经常是能够在一定的时间内转移或者复制的，但如果一下子失去某些雇员，就可能严重削弱被剥离实体进行有效竞争的能力。为了防止这种损害，反垄断执法机构可以在一定期限内禁止并购后的企业重新雇佣这些人员。[2] 美国司法部审查的 Ticketmaster Entertainment/Live Nation 一案中，最终，该案除剥离 Ticketmaster 的全资子公司 Paciolan 的全部业务外，还要求 Ticketmaster 授权其他竞争者使用其开发的票务销售系统，并利用该票务系统建立拥有自己公司商标的票务销售系统。这个案件中，尽管优先适用了资产剥离的措施，但是 Ticketmaster Entertainment 已经在相关市场上占据了市场支配地位，并拥有了广泛的销售网络和良好的信誉，如果不配合采用配套的行为性救济措施，剥离资产的购买人在一段时间内不可能马上成为相关市场上的有效竞争者，这个资产剥离就不可能是有效的。[3]

第二种情况是，在结构性救济措施不可能实施时，可独立适

---

〔1〕 这与后文中的行为性救济措施类别中“限制再雇佣核心员工”条款是一致的。

〔2〕 美国律师协会反垄断分会编，李之彦、王涛译：《美国并购审查程序暨实务指南》，北京大学出版社 2011 年版，第 482 页。

〔3〕 刘武朝：《经营者集中附加限制性条件制度研究——类型、选择及实施》，中国法制出版 2014 年版，第 116~117 页。

用行为性救济措施。例如，缺乏适合的购买方，或者难以确定剥离资产的范围等。在 Boeing/McDonnell Douglas 案[1]中，波音和麦道的并购对大型民用飞机的制造和销售市场的竞争将产生重大的影响，尤其是对欧盟空中客车公司产生了直接的重大影响，在美国与欧盟的斡旋谈判下，欧盟委员会决定附加合并救济措施准许并购，但是欧盟委员会经过调查，除波音公司外，并没有其他飞机制造商对麦道的资产和业务有兴趣，也就是说，寻找一个潜在的购买方是不可能的。在这种情况下，波音公司做出了六项行为性补救措施，消除了欧盟委员会对该并购的竞争关注。

第三种情况是行为性救济措施可能更适合处理某些反竞争效果，首先，纵向并购和混合并购导致的相关市场中基础设施的开放受到限制，这种情形下，运用资产剥离等结构性救济措施显然不适合；其次，在 Ciba V. Sandoz 一案中，美国联邦贸易委员会选择了许可证条款而不是剥离，就是因为存在正在进行中的知识产权项目分离的困难，如果实施剥离，不仅会损害效率，而且也不能有效恢复相关市场的竞争，而运用非歧视性的基础设施或技术平台的开放许可，则可能在消除并购导致的反竞争效果的同时，维护并购所产生的效率；最后，在已经实施管制监督、在任何情况下都要定期收集和审计合并后的企业的行为数据的市场上，监督和执行行为性救济措施可能比较容易，虽然通常这些监管者的动机和目标与反垄断执法机构并不相同，但它们给市场行

[1] Case No IV/M. 8777, Boeing/McDonnell Douglas

为带来的透明度可以降低反垄断执法机构的监督和执行成本。[1]

此外，行为性救济措施也能更好地适应市场的发展，正因为结构性救济措施是一劳永逸的，一旦执行就无法撤回，可能并不适应市场环境的变化，而行为性救济措施的灵活性和可恢复性能够更好地应对变幻莫测的市场环境。在当今跨国并购盛行的时代里，跨国并购可能导致的竞争损害只在特定的国家和地区发生时，当地反垄断执法机构通过在有限的区域内适用行为性救济措施，而不对跨国并购的结构本身进行干涉，能够更好地处理竞争问题，避免过度干预并购，在国与国之间产生冲突和摩擦。

3. 其他依个案要考虑的因素

在实践中选择救济措施时，仍需要具体考虑三个要素：

第一，企业所处的市场适宜采用哪种救济措施，两个超市之间的横向并购与更新换代非常快的新兴行业的并购要采取的合并救济措施是不同的。例如，当涉及受管制行业的企业并购时，例如银行、电信等，这些行业则更适合行为性救济措施。Dusan Popovic 对欧盟电信产业管制改革以来的一些案例进行研究后，认为电信业中采用行为性救济措施是适宜的。Silvester van Koten 在对欧盟电力市场管制改革的实证研究中也得出了相同的结论。[2] 如果管制部门的命令中已经包含某些条款，那么反垄断执法机构就不需要附加相同的行为性救济措施；被管制企业经常需要定期向管制部门提供一些信息，例如价格信息、服务条款等，这些信息

---

〔1〕 美国律师协会反垄断分会编，李之彦、王涛译：《美国并购审查程序暨实务指南》，北京大学出版社 2011 年版，第 484 页。

〔2〕 刘武朝：《经营者集中附加限制性条件制度研究——类型、选择及实施》，中国法制出版社 2014 年版，第 167 页。

可供反垄断执法机构对合并救济措施实施进行监督。[1]

第二，平衡救济的成本和收益，一般意义上说，行为性救济措施的实施期限长，反垄断执法机构需要花费大量的人力、物力进行监督，但是如果有的行业本身就存在监管机构，而且监管机制完善，那么，对行为性救济措施的监督成本就下降了；相反，如果采用资产剥离，可能会彻底损害并购所产生的效率，那么即使是特别小的成本，也是不适宜的。

第三，企业过去的表现，即企业是否曾经存在不履行救济措施的情形。企业的态度和表现在反垄断审查中起着非常重要的作用，如果反垄断执法机构不信任企业，那么就会倾向于采用结构性救济措施，一劳永逸地解决竞争问题。如果企业的态度和过往的表现让反垄断执法机构有理由相信，并购企业将会自觉自动地充分履行其承诺，可能会选择采用行为性救济措施。[2]

第四，有时候，多个反垄断执法机构对同一并购交易都有管辖权，也会影响到合并救济措施的确定。在美国国内，联邦贸易委员会和司法部反托拉斯局会通过协商来决定确定哪个机构具有管辖权，然后再确定合并救济措施，在这个过程中，双方可以讨论可适用的合并救济措施，当涉及国际上多个国家的反垄断执法机构管辖时，为了避免合并救济措施的冲突，通常各个国家都要做出一定的妥协。[3]

---

〔1〕 See Antitrust Division Policy Guide to Merger Remedies, 2011, pp. 20-21.

〔2〕 饶粤红：《反垄断救济方法的适用分析》，载《经济与社会发展》2004 年第 7 期。

〔3〕 Deborah L. Feinstein. Conduct Merger Remedies: Tried but not tested. Editor's Note. Fall, 2011: 6.

三、合并救济方案的评估

（一）评估标准

1. 必要性

必要性的含义是指非这样不可，不可缺少。有人将必要性理解为最小侵害原则，强调的是在各种可以达成目的的手段中，反垄断机构应该采取对相对人损害最小的手段。[1] 世界贸易组织争端解决机构在韩国牛肉案中对必要性这一用语进行了扩大化的解释，认为必要性这一用语，不仅包含不可缺少、不可替代的含义，还包括有助于的含义，这两种含义是必要性这一用语的两极[2]。从跨国并购的竞争效果评估涉及损害竞争的因素和抵消反竞争的因素这一角度出发，必要性包含上述两种含义是适当和全面的。换句话说，合并救济措施，在一些情况下，是消除损害竞争效果不可缺少的条件，在另一些情况下，是减少损害竞争效果的必要条件，有助于减少损害竞争效果。[3]

---

〔1〕 殷继国：《反垄断执法和解制度：国家干预契约化之滥觞》，中国法制出版社 2013 年版，第 106 页。

〔2〕 Korea-Various Measures on Beef, WT/DS161/AB/R, WT/DS169/AB/R. The word "necessary" is not limited to that which is "indispensable" or "of absolute necessity" or "inevitable". Measures which are indispensable or of absolute necessity or inevitable to secure compliance certainly fulfill the requirements of Article XX (d). But other measures, too, may fall within the ambit of this exception. As used in Article XX (d), the term "necessary" refers, in their view, to a range of degrees of necessity. At one end of this continuum lies "necessary" understood as "indispensable"; at the other end, is "necessary" taken to mean as "making a contribution to." they consider that a "necessary" measure is, in this continuum, located significantly closer to the pole of "indispensable" than to the opposite pole of simply "making a contribution to"

〔3〕 韩立余：《经营者集中救济制度》，高等教育出版社 2011 年版，第 22~23 页。

必要性原则包括以下几个方面：

第一，合并救济措施本身，是为消除或减少反竞争效果所需要的。跨国并购可能损害竞争或存在损害竞争的威胁，这是合并救济措施实施的前提。美国司法部反托拉斯局《并购救济指南》中规定，在推荐特定救济措施之前，必须有充分的证据证明跨国并购将违反《克莱顿法》第7条，且因此造成的损害足以表明应该采取救济行动。[1] 鉴于跨国并购可能产生的规模经济，对跨国并购持敌对态度，不分青红皂白地扼杀、阻碍跨国并购，是违背经济发展的潮流和趋势的。反垄断执法机构不应当寻求并非为防止反竞争效果所必需的救济措施，因为那可能对参与并购的公司造成不合理的限制并且提高消费者的成本。[2] 后文会讲到，目前最盛行的合并救济措施是资产剥离，即要求并购当事人采取自残的方式来消除反垄断执法机构对反竞争效果的疑虑。如果跨国并购没有对竞争造成损害也没有损害威胁，反垄断执法机构应该做出准许并购的决定，而不是出于别的什么目的，把合并救济措施强行施加在并购企业的身上，使并购企业被迫放弃并购。[3] 因此，即便参与并购的企业在反垄断审查过程中愿意尽早接受救济措施达成和解，反垄断执法机构在就任何解决措施进行协商之前，必须具备足够的证据以确定，如果不采取救济措施，将会产

〔1〕 美国律师协会反垄断分会编，李之彦、王涛译：《美国并购审查程序暨实务指南》，北京大学出版社2011年版，第471页。

〔2〕 美国律师协会反垄断分会编，李之彦、王涛译：《美国并购审查程序暨实务指南》，北京大学出版社2011年版，第471页。

〔3〕 韩立余：《经营者集中救济制度》，高等教育出版社2011年版，第23页。

生反竞争效果。[1]

第二，采取的具体救济措施是为消除或减少反竞争效果所需要的。跨国并购引起的竞争问题是多种多样的，可能消除了市场上仅有的竞争者，也可能形成了几个竞争者的寡头垄断，或者可能为市场上经营者的协调行为创造了方便和条件，可能造成对上游产品或下游产品的垄断，等等。解决这些不同的问题，就需要对症下药。因此，具体的救济措施需要能够治疗诊断出的病症。在合并救济措施的设计和选择上，需要对症下药，制定出适合的手术方案，不能简单地照搬过去的救济方案。仔细地根据反竞争效果来设计合并救济措施，是确保消除竞争损害的最好方法。救济措施和涉嫌垄断的行为之间必须存在密切的逻辑关系。有效的合并救济措施能够尽可能地保持并购的效率，同时不会对相关市场的竞争造成损害或损害威胁。[2] 这种评估将建立在大量的事实基础上，以确定，首先，违法行为引起了或者可能引起怎样的损害，其次，救济措施将如何弥补该特定竞争损害或损害威胁。只有在明确这两个问题的前提下，反垄断执法机构才能确定合并救济措施能否有效地纠正违法行为以及对市场结构或企业行为的干预是否会超出恢复市场竞争所必须的程度。[3]

第三，合并救济措施的范围和程度是解决跨国并购所产生的

---

〔1〕 See the first guiding principle of “Antitrust Division Policy Guide to Merger Remedies”, p. 3. 本文在阅读该英文文本，借鉴了汇业律师事务所合伙人潘志成博士翻译，丁茂中博士校正的版本，特此感谢。(下文同)

〔2〕 韩立余:《经营者集中救济制度》，高等教育出版社 2011 年版，第 23~24 页。

〔3〕 美国律师协会反垄断分会编，李之彦、王涛译:《美国并购审查程序暨实务指南》，北京大学出版社 2011 年版，第 472 页。

特定竞争问题所必要的，这与采取必要的合并救济措施的类型的目的是相同的，不过是从两个不同方面来防止合并救济措施的过度或不足，行为性救济措施不如结构性救济措施的效果明显，但是在缚其手臂就可解决问题时，断其手臂无疑就严重过度。在采用资产剥离的结构性救济措施时，剥离资产的范围对救济效果有很大的影响。并购当事人通常倾向于剥离、转让尽可能少的资产，有时候剥离、转让不能独立经营的“拼凑资产”。正因为存在这样的情形，才产生了“追加优质资产”的要求。[1]

合并救济措施的必要性原则是与并购反垄断规制的目标和宗旨相一致的，反垄断法对并购经营者的要求是，不损害相关市场的竞争。因此，合并救济措施只是恢复跨国并购可能造成的竞争损害或损害威胁，将被扭曲的市场竞争恢复到原来的状态，而不是在原来竞争的基础上进一步强化竞争。[2] 美国联邦最高法院在许多判例中不断重申合并救济措施的目的是保持和恢复竞争，恢复竞争要求重新达到并购发生之前相关市场的竞争强度，而不仅仅要求通过救济恢复到并购之前的 HHI 指数水平。因此，在评估剥离资产购买方的竞争力时，不能仅仅分析该购买方在过去和剥离资产相关的销售情况。[3]

2. 充分性

合并救济措施的目的是消除跨国并购对竞争的重大损害或损害威胁。为了实现这个目的，所采取的救济措施必须是充分的，

---

〔1〕 韩立余：《经营者集中救济制度》，高等教育出版社 2011 年版，第 24 页。

〔2〕 韩立余：《经营者集中救济制度》，高等教育出版社 2011 年版，第 24 页。

〔3〕 See the third guiding principle of “Antitrust Division Policy Guide to Merger Remedies”, p. 5.

必须足以消除反垄断执法机构对并购可能造成的反竞争效果的疑虑。合并救济措施的充分性，要求救济措施的类型和程度充分。加拿大执法机构认为，在必要时，可以超出恢复竞争所必要的水平。加拿大最高法院指出，如果存在两种救济措施可供选择，一种没有达到恢复竞争的水平，一种超出恢复竞争的水平，那么必须选择第二种。合并救济措施必须是有效的救济措施。[1]

在相关市场上再造一个有力的竞争者，或强化现有的市场竞争者，能够从根源上解决跨国并购造成的市场结构变化的问题。因此，结构性救济措施是最有效的救济措施，能够在最广泛、最深入的范围内解决竞争问题。在设计和选择合并救济措施时，首选结构性救济措施，即资产剥离。只有不存在结构性救济措施或结构性救济措施不可行时，才考虑其他类型的救济措施。[2]

剥离资产充分是资产剥离的最基本条件。资产剥离通常是独立经营业务的剥离，有时也会剥离从并购当事方各自资产中分割出来的拼凑财产。无论是哪种情况，都须保证剥离资产的购买方能在合理短的时间内开发或者生产出有竞争力的产品，很快成为市场上的竞争者。根据欧盟委员会竞争总局的《合并救济研究报告》剥离资产范围不够，是所有救济措施设计和实施中最经常存在的问题，而剥离资产范围不够，主要体现为缺乏竞争所必需的核心资产，以及剥离的资产缺乏活力。在剥离的资产中，应当包括品牌、商标、核心设施、核心人员等核心资产。[3]

---

〔1〕 韩立余:《经营者集中救济制度》，高等教育出版社 2011 年版，第 27 页。

〔2〕 韩立余:《经营者集中救济制度》，高等教育出版社 2011 年版，第 25 页。

〔3〕 韩立余:《经营者集中救济制度》，高等教育出版社 2011 年版，第 24~25 页。

3. 有效性

有效减少或者消除跨国并购带来的反竞争效果，是合并救济措施的根本目标和宗旨，也是合并救济措施的根本要求。一项救济措施，如果没有实现预期的目标和效果，该项救济措施就是失败的，就会凭空造成社会资源的浪费。因此，合并救济措施的有效性，是各个国家合并救济制度的根本要求。[1]

根据国际竞争网合并工作组的《合并救济审查报告》，评估合并救济措施的有效性需要考虑的因素是多方面的，主要包括：第一，综合性影响。合并救济措施应该致力于解决跨国并购导致的所有反竞争效果。第二，救济措施的不确定性。在提出救济措施的时候，救济措施还只是一种没有实现的承诺，最终的执行和执行效果都是不确定的，反垄断执法机构要充分考虑这一点，如果不确定性过高，那么这个合并救济措施就是不可接受的；第三，可行性。也可称为可执行性，是指合并救济措施是能够最终得到好的执行，消除并购导致的反竞争效果。可行性解决的是，针对跨国并购造成的竞争损害，在有必要采取合并救济措施时，当前的现实是否提供了实施这些救济措施的条件。在资产剥离的情况下，是否存在合适的购买方，购买方是否具有相关方面的经营经验和意愿；如果并购当事人违反了承诺，是否存在迅速有效的处理机制。如果在审查并购当事人提出的救济方案时，对救济措施的可行性存在重大疑虑，或者合并救济措施取决于很多不可控的条件，则该救济措施应认定为不具有可行性。[2] 一项救济

〔1〕 韩立余：《经营者集中救济制度》，高等教育出版社 2011 年版，第 28 页。
〔2〕 韩立余：《经营者集中救济制度》，高等教育出版社 2011 年版，第 30 页。

措施必须能够强制执行才是有效的，因此，合并救济措施的条款必须尽可能的清楚和直接，避免出现潜在的法律漏洞，防止试图规避合并救济措施承诺的行为。同时，为使合并救济措施有效，必须确认受合并救济措施约束的各方，并且确保在附加限制性条件准许并购的决定中包括各种条款，使得受约束方知晓其责任。[1] 第四，适当的期限和时间。合并救济措施必须具有时间性，资产剥离的期限一般较短，否则剥离资产的成活性和竞争力都将会降低，甚至丧失。行为性救济措施虽然期限都比较长，但是也不能是没有期限限制的，否则将导致政府过度干预市场经济活动，也不符合市场变化的情况。[2]

救济成本也是反垄断执法机构评估合并救济措施有效性的一个重要因素。跨国并购反垄断审查中，对竞争效果的评估本身就是一个得失相较、利损权衡的过程。当跨国并购所造成的竞争损害远远大于跨国并购的社会收益时，救济的必要性丧失了，反垄断执法机构将直接做出禁止并购的决定。同样，在需要救济但是救济成本很高，形成得不偿失的情况下，救济也没必要了。因此，成本是衡量合并救济措施有效性的一个重要因素。过度救济或者救济不计成本是不可取的，是以此害替代彼害。[3]

4. 不产生新的反竞争问题

合并救济措施运用不当，很可能会产生新的反竞争问题。这要求反垄断执法机构在考虑合并救济措施时，要充分论证合并救

〔1〕 See the fifth guiding principle of "Antitrust Division Policy Guide to Merger Remedies", p. 5.

〔2〕 韩立余：《经营者集中救济制度》，高等教育出版社 2011 年版，第 28 页。

〔3〕 韩立余：《经营者集中救济制度》，高等教育出版社 2011 年版，第 29 页。

济措施可能带来的负面影响，避免给竞争带来新的损害。这就像医生开药一样，不能治好了胃，坏了肝。例如，将资产或业务剥离给相关市场内现存竞争者时，如果这个竞争者本身在市场中拥有了较大的市场份额，购买剥离资产会进一步增强该竞争者的市场势力，损害竞争。

5. 不能损害社会公共利益

在反垄断法的语境下，公共利益具有非常重要的地位。公共利益承载着确定反竞争行为是否适用反垄断法、适用反垄断法的反竞争行为是否可以豁免，不能豁免的反竞争行为的合理性及应受惩罚性等重大功能。[1] 同样，社会公共利益对合并救济措施的确定和实施具有十分重要的意义。在反垄断和解制度中，社会公共利益的内涵包括消费者利益以及整体经济利益，整体经济利益又包括有效竞争、促进就业、提高本国企业的竞争力等。因此，不得损害社会公共利益原则是指反垄断执法机关批准的合并救济措施不得损害消费者利益以及整体经济利益。[2]

各个国家和地区基本上都把不得损害社会公共利益作为合并救济措施的重要原则，比如，在美国的同意判决程序中，司法部和跨国并购方达成了和解契约，并提交给法院进行司法审查[3]时，为了防止和解契约损害社会公共利益，法院通常根据社会公

〔1〕 蒋悟真：《反垄断法中的公共利益及其实现》，载《中外法学》2010 年第 4 期。

〔2〕 殷继国：《反垄断执法和解制度：国家干预契约化之滥觞》，中国法制出版社 2013 年版，第 104 页。

〔3〕 这里的司法审查不同于后文专章所写的司法审查。后文的司法审查指司法机关对反垄断执法机构做出的反垄断决定的审查，不包括反垄断执法过程中向法院申请调查令时受到的审查，以及和解协议得到法院确认时的审查。

共利益的标准进行审查，如果合并救济措施侵害了社会公共利益，和解契约将不被通过，反之，和解契约生效，法院将根据和解契约制作和解决定。[1] 美国反垄断执法机构在审查跨国并购方的效率抗辩时，只有跨国并购产生的效率能够最终转移给消费者时才纳入考虑的范畴，法院也持同样的态度。联邦贸易委员会在论述其反垄断法的指导思想时，指出了与消费者福利相关的案件的评估：所涉行为是否对消费者福利造成最大威胁；涉及事项是否重大影响消费者预算。[2]

英国2002年《企业法》要求反垄断执法机构在决定救济措施这一问题时，需要考虑相关客户的利益，基于相关客户利益设计、修改和实施合并救济措施。在设计资产剥离措施时，既需要解决重大削弱竞争的根本原因，也要考虑没有解决重大削弱竞争的风险，还要考虑剥离形式可能影响的相关客户的利益，这是英国反垄断执法机构进行资产剥离所遵循的基本原则。[3]

我国的反垄断法虽然没有明确规定这一原则，但是，根据我国反垄断法的立法目的和宗旨[4]，不得损害社会公共利益也是我国合并救济措施的基本原则。

（二）评估方法

市场测试是反垄断执法机构对并购申报人提交的合并救济措

---

〔1〕 殷继国：《反垄断执法和解制度：国家干预契约化之滥觞》，中国法制出版社2013年版，第103页。

〔2〕 韩立余：《经营者集中救济制度》，高等教育出版社2011年版，第32页。

〔3〕 韩立余：《经营者集中救济制度》，高等教育出版社2011年版，第33页。

〔4〕《中华人民共和国反垄断法》第1条：为了预防和制止垄断行为，保护市场公平竞争，鼓励创新提高经济运行效率，维护消费者利益和社会公共利益，促进社会主义市场经济健康发展，制定本法。

施进行评估最常用的方法，往往采用调查问卷的形式进行。市场测试虽然不是反垄断审查的必经环节，但是反垄断执法机构的很多决定都听取了市场测试中第三方对合并救济方案的建议和态度。市场测试让反垄断执法机构有机会了解相关市场上其他参与者的观点，也可以减少并购救济公众评论期的异议。

一些案件中，反垄断执法机构基于市场测试中获得的否定性评价，拒绝了当事人提议的合并救济方案，比如欧盟委员会的TotalFinal/Elf Aquitaine 案件。但是，反垄断执法机构要十分谨慎地对待第三方的意见，因为第三方可能出于自身利益而给予误导性意见，或者因为第三方认识的局限性而提出的不合理意见。因此，市场测试反馈回来的信息，仍然需要反垄断执法机构认真甄别。

四、小结

合并救济措施包括结构性救济措施、行为性救济措施以及混合性救济措施。结构性救济措施，经常直接称之为资产剥离，包括剥离使购买方成为有效、长期竞争者所需的所有资产，剥离一项既存的业务单位，剥离关键的无形资产等，也包括放弃董事会席位、否决权等股东权利。行为性救济措施是个开放的体系，并购申报人可以提交的合并救济措施可以是结构性救济措施，也可以是行为性救济措施，也可以同时包括行为性救济措施和结构性救济措施的混合性救济措施，但是，大多数国家反垄断立法和实践都更加偏好结构性救济措施，只有在少数几种情况下，才会认为行为性救济措施也是可接受的，因此，并购申报人在设计救济方案时，要考虑到这些方面。反垄断执法机构收到并购申报人提出的合并救济方案后，要采用市场测试的方法对合并救济措施的必要性、充分性、有效性等进行评估，确保合并救济方案能够消除并购带来的反竞争效果。随着跨国并购的规模越来越大，涉及的市场范围也在扩大，合并救济方案的设计和评估面临更多的挑战，例如，随着信息和科技在经济发展中的地位的提升，剥离资产中往往必须包括技术和信息资产。

第三章　跨国并购反垄断审查中合并救济措施的实施

第一节　结构性救济措施（资产剥离）的具体实施

在资产剥离的过程中，很多因素会使得剥离变得复杂，并且不容易成功。首先，剥离义务人总是倾向于提供一个不能完全解决竞争问题的剥离资产包，剥离范围不充分，而且可能在剥离期限内减损剥离资产的价值；其次，剥离义务人建议较弱的买方作为反垄断执法机构的备选购买方；最后，妨碍买方成为新的竞争力量，即使剥离义务人没有故意的妨碍买方行为，也不会在过渡期内协助买方经营。[1] 此外，资产剥离更有风险性，因为其结果不可逆，如果选择了不合适的购买方，那么竞争损害就在那了，没有办法消除。[2] 为了避免上述问题，反垄断执法机构必

〔1〕 David Balto, Lessons from the Cliton Administration: The Evolving Approach to Merger Remedies, The George Washington Law Review, October/December 2001, Vol 69: 959.

〔2〕 Massimo Motta, Michele Polo and Helder Vasconcelos, Merger remedies in the European Union: An overview, THE ANTITRUST BULLETIN: Vol. 52, Nos. 3 & 4/Fall-Winter 2007: 606.

须在合并救济措施中对资产剥离的期限、剥离资产的范围，合格购买方等因素进行细致的要求。欧盟竞争总局的《合并救济研究报告》中发现，一些关键因素，例如剥离独立经营的业务，单独持有受托人、监督受托人可以保障资产剥离的有效性。

一、资产剥离的方式及期限

资产剥离可以采取自行剥离和受托剥离的方式，这两种方式也被称为资产剥离的两个阶段。在自行剥离阶段，剥离义务人在反垄断执法机构和监督受托人的监督下，找到合适的购买方，并且达成出售协议及其他相关协议，并经反垄断执法机构审核批准。受托剥离是指剥离义务人未能如期完成自行剥离的情况下，剥离受托人在反垄断执法机构的监督下，找到合适的购买方，达成出售协议或其他相关协议，并获得反垄断执法机构的审核批准。在一些案件中，反垄断执法机构为了确保资产剥离的成功实施，甚至会直接要求剥离义务人采用受托剥离的方式进行，而不是先自行剥离，比如资产很快就会贬值、出卖人有强烈动机拖延资产剥离等。

根据剥离资产的规模和复杂程度的不同，资产剥离的期限不同。但是各国的反垄断执法机构一般都要求剥离义务人迅速完成资产剥离，其益处有二，首先，快速完成资产剥离可以尽快实现维持或恢复相关市场的竞争；其次，可以避免期限过长，导致剥离资产失去成活性和竞争力。剥离期限过长会导致不必要地延长剥离资产的不确定性，影响剥离资产的成活性和竞争力，因此也就降低了剥离救济恢复相关市场有效竞争的可能性。而且，剥离期限太长，顾客和供应商都会保有等待看看的心态，会影响剥离资产的正常运作。当然，在正常情况下，剥离期限也不能太短，否则剥离义务人可能没有足够的时间找到合适的购买方，最终也影响反垄断执法目的的实现。

欧盟委员会在《最佳操作指南》中，规定自行剥离期限为6个月，并规定了3~6个月的受托剥离期，这些期限可以根据并购案件的具体情况而修改。美国司法部反托拉斯局会许可剥离义务人在60日到90日内去寻找合适的买方，否则，司法部反托拉斯局将保留权利委派一名剥离受托人完成资产出售。美国联邦贸易委员会没有明文规定剥离期限，但是其1999年发布的《委员会资产剥离程序研究》中提到，为了减少剥离期间对剥离资产价值的减损，委员会已经把剥离期限缩短为一般3~4个月（之前是12个月或者更长）。[1] 我国商务部规定：自行剥离期限是6个月，有特殊情况，商务部可以决定酌情延长，但最长不超过3个月；受托剥离期限也是6个月。

这里还涉及另外一个期限，即移交剥离资产的期限，剥离义务人或剥离受托人找到了合适的购买人签订出售协议，并经反垄断执法机构审查批准。然后就是移交剥离资产。对于这个期限，欧盟委员会的规定是3个月，美国没有具体规定。我国商务部《剥离暂行规定》（已废止）第3条规定剥离义务人转移剥离资产的期限是3个月，商务部可以决定酌情延长。《限制性条件的规定（试行）》又没有了关于剥离期限的相关规定，只能由商务部反垄断执法机构根据具体案件确定剥离资产转移期限，或者在

〔1〕 David Balto, Lessons from the Cliton Administration: The Evolving Approach to Merger Remedies, The George Washington Law Review, October/December 2001, Vol 69: 960-961.

出售协议中约定，再由反垄断执法机构审查批准。2023 年《经营者审查规定》中对于剥离期限同样没有具体规定，其第 41 条规定，承诺方案为剥离，但存在特殊情形的，参与集中的经营者可以在承诺方案中提出特定买方和剥离时间建议。

二、剥离资产的范围

（一）剥离资产的范围

资产剥离一般关注参与并购的企业在相关市场上存在的业务重叠部分，剥离资产的范围非常重要，其在很大程度上决定了是否能找到合适的购买方，以及购买方是否有能力脱离剥离义务人而继续运作。[1] 如果不能明确剥离资产的范围，将不能实现消除反竞争效果的目的。根据欧盟 2005 年《并购救济措施研究》，对于重叠部分的剥离，主要有两种方法，一种是剥离资产的范围远远大于重叠部分的范围，另外一种是剥离资产的范围小于重叠部分的范围，研究结果显示，前者对于反竞争效果的消除非常明显，成功率达到 86%，而后者的成功率仅有 14%，即使在后来附加其他救济措施的情形下，成功率也没有超过 30%。根据欧盟 2005 年《并购救济措施研究》，资产剥离的实施中，主要有以下几类资产剥离范围不足的情形：第一，没有充分考虑上下游企业的依赖，例如关键原材料、售后服务、核心资产等；第二，没有考虑到地理范围的限制，例如资产剥离只涉及了国内市场，而没有包括相邻国家和其他紧密联系的市场；第三，剥离的核心资产规

〔1〕 张振华：《资产剥离中的当事人制度研究》，中国政法大学 2011 年硕士学位论文。

模过小，以至于购买方不能成为一个有效的竞争者；第四，没有考虑生产周期理论，剥离业务是一个成熟但是处在衰退的产业，而并购企业保留了更新的、拥有更重要的战略意义的资产；第五，知识产权的范围延伸不足，在剥离资产包中缺乏支持剥离资产的知识产权，或者对该知识产权的转移会妨害第三人的权利。因此，并购当事人在向反垄断执法机构提交资产剥离方案时，必须对剥离资产的范围进行详细的描述，避免剥离资产的不确定性。

首先，资产剥离方案中必须包括使剥离资产购买人成为有效、长期竞争者所必须的所有资产和人员。这里的资产，可以是有形的，如厂房、机器等，也可以是无形的，如专利、商标等知识产权。举例来说，如果并购所联合起来的是有价值的品牌名称或其他无形资产，剥离资产中就应当含有使剥离资产购买方能够开展有效竞争的品牌或专利许可。在任何情况下，剥离有形资产，总是可能附加某些无形资产，这主要是为了使剥离资产的购买方能够有效地使用有形资产。对于剥离业务与其他业务共享的资产和人员，这些资产和人员对于剥离资产购买方建立长期、有效的竞争具有必要性时，也必须剥离，否则将极大地影响剥离资产的成活性和竞争性。

其次，所有政府组织颁发的有利于剥离业务的执照、许可和授权。

再次，所有剥离业务涉及的合同、租约、承诺和客户订单；所有剥离业务的客户、信用及其他记录。[1]

---

〔1〕 See Article 4 of Model Divestiture Commitments formulated and published by DG Competition European Commission, 2003.

最后，其他辅助性资产。有时候，为了保障剥离资产的成活性和竞争性，剥离资产必须包含一些辅助性的资产。尽管这些资产并没有引起反垄断执法机构的竞争关注。在 Total Fina V. Elf Aquitaine 一案中，并购申报方提议剥离一些资产以消除反垄断执法机构对该并购在液化石油气市场的竞争关注，但是，根据欧盟委员会通过市场测试对救济措施进行评估时得到的负面反馈，并购方不得不剥离整个子公司，这明显超出了认定的重叠市场的范围。[1]

排除条款是从反面来说明剥离资产的范围，对没有包含在剥离资产范围内的对象做出明确表述的法律条款，以确保资产剥离范围的精确界定，这种采用正、反两方面进行范围限定的方法能够减少、甚至消除相关主体对剥离资产范围的混淆。在使用方面，排除条款一般也是采用列举的形式。剥离资产的范围与排除范围一般都是以附表的形式列举在合并救济方案中。

（二）剥离资产范围的扩大——皇冠明珠条款

为了降低资产剥离失败的风险，反垄断执法机构会要求并购申报人在明确剥离资产的同时，还要确定替代性待剥离资产。如果剥离义务人无法在规定的期限内将剥离协议中首选的剥离资产出售给合适的购买方，替代性的剥离资产将会取代先前首选的剥离资产，如果该替代性的剥离资产相对于先前的剥离资产在范围上更加广泛，对潜在的购买方具有更大的吸引力，该替代性的剥

---

〔1〕 Massimo Motta, Michele Polo and Helder Vasconcelos, Merger remedies in the European Union: An overview, THE ANTITRUST BULLETIN: Vol. 52, Nos. 3 & 4/Fall-Winter 2007: 608.

离资产就是所谓的皇冠明珠。[1]

皇冠明珠资产，可以是之前方案的升级版，即在首选资产包的基础上进行增加、补充，皇冠明珠资产包括了首选资产包；也可以是一个更有吸引力的方案。“皇冠明珠条款”的存在，使得当首选的剥离资产基于某种原因剥离失败时，可以及时提供补充性的资产包。同时由于更优质资产可能被剥离的威胁存在，也使得剥离义务人对首选剥离资产的剥离更为积极。

美国司法部反垄断局强烈反对“皇冠明珠条款”，认为“皇冠明珠条款”会为购买方提供操纵的机会，如果仅存在少数的购买方，且其知晓附加限制性条件准许并购决定中的“皇冠明珠条款”时，其可能故意拖延双方事先同意的资产剥离谈判，以便在随后以更低的价格购买皇冠明珠资产。

从实践来看，皇冠明珠资产剥离的比例并不高，欧盟委员会竞争总局 2005 年的《合并救济研究报告》中指出，该研究涉及的 84 个案件中，只有 4 件包含皇冠明珠条款，而这 4 个案件中有 3 件的皇冠明珠资产被剥离。导致这种情形的原因肯定是多方面的，其中一个最重要原因是实施成本高，皇冠明珠资产的剥离比单一资产剥离的成本要高得多。[2]

---

〔1〕 丁茂中：《经营者集中控制制度中的资产剥离问题研究》，上海社会科学院出版社 2013 年版，第 48 页。

〔2〕 丁茂中：《经营者集中控制制度中的资产剥离问题研究》，上海社会科学院出版社 2013 年版，第 48 页。

三、资产剥离的当事人

（一）剥离义务人

剥离义务人，是指按照审查决定应当出售剥离资产的经营者。[1] 参与并购的经营者往往是两方或多方，那么，剥离义务人是一方经营者，还是两方，甚至所有参与并购的经营者呢？在这个问题上，各国法律都无明确的规定。剥离义务人的选择主要是从剥离资产的范围及其有效性来考虑的，可以是并购一方经营者，也可以是多个并购经营者，他们的资产共同拼凑起来形成剥离资产。根据实践来看，反垄断执法机构更偏好参与并购的一方经营者作为剥离义务人，主要是因为反垄断执法机构更青睐优先剥离现有业务实体，相对于多个经营者的拼凑资产，这种剥离资产的成活率是比较高的。

（二）受托人

1. 受托人的定义及其特质

通常意义上，受托人又被称为被委托人或受委托人，是指具有相应民事行为能力的人接受委托人的指示从事相应的民、商事活动或者诉讼、仲裁活动的人。[2] 受托人包括单独持有受托人、剥离受托人和监督受托人，单独持有受托人是由企业并购申报人推荐，由反垄断执法机构批准同意的对拟剥离资产的保管进行监督的人。剥离受托人是经反垄断执法机构批准，得到剥离义务人的委托，将剥离资产出售给买受人的个人或组织。监督受托人是

〔1〕 参见《关于经营者集中附加限制性条件的规定（试行）》第4条。

〔2〕 百度百科，载www.wapbaike.baidu.com，最后访问日期：2015年1月12日。

在自行剥离阶段，监督剥离义务人尽快寻找合适的购买方，签订资产出售协议并交给反垄断执法机构审查批准的个人或组织。单独持有受托人、监督受托人和剥离受托人可以是分别三个主体，也可以是同一个主体。但是反垄断执法机构一般不倾向于任命同一个人来承担监督受托人和剥离受托人的双重角色，但是监督托管人和单独持有受托人一般是同一个人，很多国家的法律中就只有监督受托人一词。

尽管受托人选任是剥离当事人与受托人之间的双方合同，但是这个合同却体现了反垄断执法机构、受托人和剥离义务人之间的三方关系。资产剥离中的受托人与传统意义的委托关系中的被委托人不同。

第一，受托人必须独立于剥离义务人，这里的独立性包括形式上的独立和实质上的独立。实质上的独立是一种内心状态，指受托人在法律、经济利益等各方面确实独立于剥离义务人，二者之间没有利益冲突和瓜葛，不存在关联关系，使得受托人在履行受托事务时不受损害职业判断的因素影响，诚信行事，遵循客观和公正原则。[1] 形式上的独立是一种外在表现，指从一个理性且掌握充分信息的第三方的角度来看，认为这二者的关系表现出来是独立的。

第二，受托人的选任需要经过反垄断执法机构的批准，这和传统民法中平等主体直接的委托和受托完全契约自由是不相同的。

第三，虽然受托人是剥离义务人聘请的，其薪资报酬也由剥

〔1〕 中国注册会计师协会编：《审计》，经济科学出版社 2013 年版，第 43 页。

离义务人支付，但是剥离受托人只对反垄断执法机构负责，及时向反垄断执法机构报告。非经反垄断执法机构的同意，剥离义务人不能向受托人发出任何指示。

第四，受托人有特殊的权利。由于剥离受托人是剥离义务人在自行剥离阶段无法找到合适的购买方才出现的，其职责就是千方百计找到适合的购买方，为了达到这个目的，尽快恢复市场竞争，剥离受托人拥有特殊的权利，例如，剥离受托人有权以无底价的方式剥离资产拍卖。

2. 受托人的资格条件

第一，受托人应独立于申报人。这里的独立性包括形式上的独立和实质上的独立。实质上的独立是指受托人在法律、经济利益等各方面确实独立于剥离义务人，二者之间没有利益冲突和瓜葛，不存在关联关系。形式上的独立是指从正常人的角度来看，这二者的关系表现出来是独立的，不会使人不信服。在实践中，当大的投资公司、顾问公司以及会计师事务所担任受托人，尤其是作为监督受托人，长时间监督行为性救济措施的实施时，最容易产生独立性问题。例如，剥离义务人可能想要变更审计师或者指定新的大项目顾问，这些在反垄断机构眼中都可能产生利益冲突。[1]

第二，受托人必须具有履行受托责任的资质和资源。这里的资质是对监督受托人的内在要求，包括财务分析能力，对单据检

〔1〕 Jonas S Breuckner and Thomas Hoehn, Monitoring Compliance with Merger Remedies—The Role of the Monitoring Trustee, COMPETITION LAW INTERNATIONAL, September, 2010: 75.

查交付能力，相应的企业管理知识、会计知识、法律知识以及行业知识，实践中一般由投资银行或顾问或审计师等担任，资源则是指拥有基本的办公场所、通讯设备等。比如，荷兰国际集团（ING）是一家1991年由荷兰国民人寿保险公司和荷兰邮政银行集团合并成立的综合性财政金融集团，它的公司金融部近年来便受托成为多起案件中的监督受托人，在2009年的松下收购三洋一案中，松下公司推荐荷兰国际作为监督受托人并获得我国商务部的批准，监督松下公司在中国和日本的电池业务的剥离。[1]

3. 受托人的选任

虽然各国对监督受托人的选任具体规定不同，但模式是相同的，都是由申报人推荐，反垄断执法机构审查批准。欧盟的《向委员会承诺范本》中规定了如下程序：

第一，在欧盟委员会做出的附加限制性条件批准并购的决定生效一周内，剥离义务人应向委员会提供一份建议书，建议书中包括其推荐任命为监督受托人的一个或多个人的名单以及足够的信息使委员会人员确信该推荐的人符合监督受托人的资格条件，还应包括建议委托事项的所有条款、说明受托人如何执行被委托任务的工作计划、受托人是否同时担任监督受托人和剥离受托人等内容。[2]

第二，委员会有权批准或否决被推荐受托人，通过提议的委托事项并可对委托事项进行为受托人履行义务所必要的修改，如

〔1〕 韩伟：《经营者集中附条件法律问题研究》，法律出版社2013年版，第129页。

〔2〕 See Article 23 of Commitments to the European Commission.

果只有一名监督受托人被批准，剥离义务人将按照委员会批准的委托事项，任命该个人或机构成为监督受托人，如果超过一项提名被通过，剥离义务人可以从这些提名中选任监督受托人，在委员会通过后一周内，剥离义务人应按照委员会批准的委托事项任命监督受托人。〔1〕

如果剥离义务人推荐的受托人都被委员会否决，剥离义务人要按照上面程序，重新提名至少两位新的受托人。如果新推荐的受托人又被否决了，委员会将直接任命一名受托人，剥离义务人需按照委员会批准的受托人委托事项，任命该监督受托人。〔2〕

从以上程序可以看出，欧盟委员会在受托人的选任上拥有绝对的影响力，它把握着选任受托人的最后话语权，甚至可以要求剥离义务人委托原本不在他们考虑范围内的受托人。在实践中，欧盟委员会对于受托人选任非常慎重，在接受或否决剥离义务人的受托人人选前，总是要约见被推荐的受托人。受托人人选被拒绝是经常发生的事，理由也很多，包括缺乏相应的专业知识、没有足够的知识和资源、缺乏独立性等。〔3〕

4. 剥离受托人和监督受托人的职责

（1）剥离受托人的职责和义务。资产剥离案件中，设置剥离受托人对于资产剥离的成功实施具有很大的促进作用。剥离义务人一般都希望能够控制剥离资产的购买方及价格，剥离受托人

---

〔1〕 See Article 24 of Commitments to the European Commission.

〔2〕 See Article 25 of Commitments to the European Commission.

〔3〕 Jonas S Breuckner and Thomas Hoehn, Monitoring Compliance with Merger Remedies—The Role of the Monitoring Trustee, COMPETITION LAW INTERNATIONAL, September, 2010: 74.

的出现为剥离义务人快速地完成资产剥离提供了压力。剥离受托人应在反垄断执法机构的监督下，按照规定的限制和方式，找到合适的购买方，并与其签订资产出售协议和相关协议，完成资产剥离。具体包括以下五点：

第一，向反垄断执法机构提交其整体工作计划，并承担向反垄断执法机构报告的义务。

第二，寻找合适的买方，在剥离期内以其视为合理的条款和条件有利地出售剥离业务。

第三，剥离受托人应当保守在履行职责过程中获悉的商业秘密和其他秘密信息，未经执法部门的同意，不得向剥离义务人披露这些信息。

第四，在受托剥离阶段，剥离受托人将在反垄断执法机构的监督下，在特定期限内以无底价的方式将业务剥离给适当的购买方。

第五，保密义务。各国法律都不限制剥离受托人向反垄断执法机构进行信息披露，但是剥离受托人不得向交易双方披露其在履行受托人职责中获得的某些信息，尤其是有关剥离业务的适用绝缘条款的信息和从剥离业务的潜在受买人处获得的信息。[1]

（2）监督受托人的职责和义务。监督受托人的职责一般包括：

第一，在向反垄断执法机构提交的报告中，提出详细的工作计划，说明其打算怎样对反垄断执法机构决定所附加条件的遵守予以监督。此后，定期向反垄断执法机构汇报剥离业务的运行和

〔1〕 See Article 32 of Trustee Mandate.

管理状况，以及剥离义务人是否正在履行承诺及履行承诺的情况。

第二，监督剥离业务的持续经营以确保其持续的活力、可销售性和竞争力，以及将剥离业务与剥离义务人的其他业务分离。

第三，对潜在购买方和剥离过程进行审查和评估，包括买受人的适格性和独立性，剥离业务的出让方式是否与决定所附加的条件相一致。在剥离义务人向反垄断执法机构提交了购买方建议书后，监督受托人应向反垄断执法机构提交详细的意见，对购买方的适宜性和独立性、出售完成后剥离业务的活力等事项进行评估。

第四，向剥离义务人建议其认为必要的措施，以确保剥离义务人遵守决定所附条件，特别是保持剥离业务的活力和竞争力。

第五，监督资产出售协议及其他相关协议的签订和执行，协调因出售协议和其他相关协议而产生的争议。

5. 如何保障受托人的独立性

受托人很像注册会计师，是一个要求具有专业素养和独立性的行业，注册会计师在从事审计业务时，虽然是受雇于客户公司，但是却是服务于财务报表预期使用者，包括债权人、股东、政府等，其审计的目的是提高财务报表预期使用者对财务报表的信赖程度。因此，注册会计师的独立性非常重要，各国注册会计师法都针对如何保障注册会计师的独立性制定了非常多的规定，包括从经济利益、贷款和担保、雇佣等方面着手，那么怎么保障受托人的独立性呢？

根据欧盟委员会的《受托人委托协议范本》，受托人应承诺在委托期间不产生任何利益冲突。这里的利益冲突，包括经济利益冲突，也包括非经济利益冲突。受托人可能与交易当事人存在利益冲突，也可能与交易当事人的关联实体[1]存在利益冲突。因此：

第一，受托人在接受委托时，必须披露委托协议签订时其与交易当事人及其关联企业之间的所有关系，包括是否存在经济利益，经济利益的大小以及是否是直接经济利益；是否存在雇佣关系，如首席法律顾问；等等。

第二，受托人、受托人团队及受托人伙伴公司在委托期间，不得：①接受任命或雇佣或成为交易双方或其关联企业的董事会或其他管理机构的成员；②接受剥离义务人或其关联企业的转让或发生其他商业关系或财务利益，除非该等转让、商业关系或者投资都属于正常的商业行为，且对于受托人或受托人团队或涉及的相关公司都是非实质性的，例如，如果交易当事方是文具生产和销售商，受托人按照正常的价格和程序采购办公用品，并不会损害其独立性；③如果受托人发现存在利益冲突，应及时告知剥离义务人和反垄断执法机构该利益冲突；如果委托人发现受托人或受托人关联公司具有或可能产生利益冲突，委托人应该及时告知受托人和反垄断执法机构，反垄断执法机构应该判断是否确实存在利益冲突及其对受托人独立履行职责可能产生的影响；④委托人和受托人在委托期内产生利益冲突，受托人承诺立即消除该利益冲突，例如将存在利益冲突的受托团队的人员调离该团队，

---

〔1〕 关联实体，是指与委托人存在下列任一关系的实体：①能够对委托人施加直接或间接控制的实体，并且该实体对委托人很重要，即委托人的母公司；②受到委托人直接或间接控制的实体，即委托人的子公司；③在委托人内拥有直接经济利益的实体，并且该实体对委托人具有重大影响，在委托人内的利益对该实体重要；④委托人拥有其直接经济利益的实体，委托人能够对该实体施加控制或重大影响，并且该经济利益对委托人重要；⑤与委托人处于同一控制下的实体，即姐妹公司。

出售所持的经济利益等，若利益冲突不能被消除或者受托人未能及时消除利益冲突，委托关系终止；⑤受托人承诺，在委托期间及委托终止后1年内，受托人团队成员在没有获得反垄断执法机构的事先批准时，不得向交易方或其关联企业提供服务；⑥受托人承诺，在委托期间及委托终止后1年内，采取措施保证受托人团队和向受托人团队直接指派的受托人职员和代理的独立性和完整性，以免对履行委托协议规定义务产生干扰或危害的任何不利影响，尤其是保密信息的获取权限应限制在受托人团队和指派人员范围内，并且，除了一般性信息和法律要求披露的信息，受托人团队和指派人员不得与受托人的其他人员交流与该委托有关的任何信息。[1]

第三，资产剥离中的委托合同，不遵循传统私法中的合同解除规则，否则监督受托人很可能因为严格履行监督职责而得罪参与并购的经营者，并购经营者很可能因此撕毁先前签订的委托协议。为了避免这种情况的发生，各国反垄断实践中，或者通过法律明文规定，或者在附加的合并救济措施中约定，未经反垄断执法机构的同意，参与并购的经营者不得擅自变更、解除与监督受托人签订的协议。如果参与并购的经营者违反法律规定或约定，擅自更改或解除委托合同，该行为无效，监督受托人仍然有权履行相应的监督职责，并获得相应的报酬。[2]

6. 受托人的报酬

委托双方可以约定适当的收费，受托人的报酬收取方式不得

〔1〕 See Article 25-29 of Trustee Mandate.

〔2〕 丁茂中:《经营者集中控制制度中的资产剥离问题研究》，上海社会科学院出版社2013年版，第160~161页。

损害其完成受托事务的独立性和有效性。受托人作为专业服务人员，在确定收费时应当主要考虑履行受托业务所需的知识和技能，如法律专业人才、经济专业人才等；所需专业人员的水平和经验，如初级律师，高级合伙人；各级别专业人员提供服务所需的时间和提供专业服务所需承担的责任。

收费是否会对独立性产生不利影响，取决于受托人收取的费用和所提供的相应服务是否具有对等性。在接受委托时，如果收费过低，受托人可能难以按照应有的细致度和劳动强度开展工作，例如，受托人只能委派团队中资质不高的人去开展工作，工作质量将受到影响。而收费过高则明显具有花钱买选票的嫌疑，可能导致受托方因为自身利益而成为委托方的人，无视反垄断执法机构的指示，甚至与委托人合谋欺骗反垄断执法机构。

或有收费是指受托人能否收到报酬或收到多少取决于受托人工作的完成情况，例如剥离受托人最终以什么价格出售剥离资产。或有收费会对受托人的工作产生不利影响，因此，除非法律法规或反垄断执法机构允许，受托人与委托人不能达成以或有收费的方式提供服务。[1]

如果委托人向受托人赠送礼品或者予以款待，将对受托人的独立性产生不利影响，受托人不得收受剥离义务人提供的除约定好的费用之外的其他礼品，也不能接受超额款待，否则吃人手短，拿人嘴软，受托人就很难客观、公正地完成受托事务。

---

〔1〕 中国注册会计师协会编：《审计》，经济科学出版社2013年版，第35页。

（三）合适的购买方

1. 买受人实质条件

资产剥离的目的是维持或恢复相关市场的竞争。为了确保及时恢复有效竞争，买受人必须要具备一定的条件才能成为合适的购买方。购买方可以是相关市场的潜在进入者，也可以是相关市场上已经存在的竞争者。各国反垄断执法机构对剥离义务人如何去寻求合适的购买方没有偏见，剥离义务人只需按照购买方是否具有相应的财力和竞争能力使剥离资产成为市场中的有效竞争力这个标准去推荐购买方。

根据欧盟与美国的相关法规定，买受人条件包括以下方面：

第一，买受人独立于并购当事人，且与并购当事人没有关联。买受人不仅应该具有独立法律人格，在法律上独立于并购经营者，而且在生产、经营上也要独立于参与并购的经营者。

第二，具有财力、既有的专业知识和动力，维持和发展被剥离业务，使之成为有活力和积极的竞争力量。这里，主要是强调买受人的硬件要求，否则剥离资产很快就将失去竞争力。剥离义务人要通过查阅购买方的资产负债表和其他财务数据以确定购买方是否具备必要的财务资源，购买方是否有能力进行融资等。SEB/Moulinex 一案中，欧盟委员会要求剥离义务人推荐的购买方必须在相关市场中有足够的知名度和市场份额，从而确保其能够将剥离资产发展为相关市场上有效的竞争力量。[1] 而在另外一个 Total Fina/Elf Aquitaine 案件中，Le Mirabellier 是一家从事餐饮和汽车燃料销售的公司，想要购买并购企业被剥离的 6 个加油

---

〔1〕 SEB/Moulinex, Case COMP/M. 2621, Commission decision of January 8, 2002.

站，欧盟委员会拒绝了这个购买方，认为L公司收购那些资产后，很难培育出有效的竞争力量。[1]

第三，买受人在主观上希望将剥离资产发展成为相关市场上的有力竞争者。如果买受人只是想要获得剥离资产的所有权，然后通过出售获取中间利润，可能剥离资产又回到了剥离义务人手上，这样不仅没有能够培植新的竞争者，而且也为剥离义务人剥离资产找到了规避的途径。这种主观愿望外在表现为购买方参与相关产品市场或相邻地理市场证明，购买方进入上下游市场的事实或者先前对相关市场感兴趣的表现。剥离义务人应当告知潜在的购买方向反垄断执法机构提交经营计划，使反垄断执法机构相信潜在的购买方是有足够的经验支持其在相关市场内的竞争，购买方的购买行为是经过深思熟虑的。

第四，根据反垄断执法机构掌握的信息，买受人获得剥离资产，不会引起新的竞争关注，也不会引起承诺实施延迟的风险。[2] 这里主要是针对买受人是相关市场上现存竞争者的情况，资产剥离只能卖给市场上原来较弱的竞争者，而不是相关市场中原有的主要竞争者，否则产生新的对竞争构成威胁的因素。欧盟委员会《可接受救济措施通告》规定，如果推荐的购买方对剥离业务的购买符合需要申报的条件，新交易必须按照企业并购的程序进行申报。这个规定的字面意思是购买方可以是相关市场中的主要竞争者，只是新交易必须重新进行申报。但是反垄断行政

---

〔1〕 Total Fina/Elf Aquitaine, Case COMP/M/2690, Commission decision of April 9, 2002, p. 198.

〔2〕 丁茂中：《经营者集中控制制度中的资产剥离机制》，载《探索与争鸣》2010年第12期。

是要讲究行政效率的，跨国并购反垄断审查是需要成本的。资产剥离的目的是结束当前的反垄断审查，但是上述行为又引发新的反垄断审查，如此，将陷入循环往复的状态。因此，反垄断执法机构一般不会批准该推荐的购买方为合格购买方。

第五，买受人必须被合理预期能从有关主管部门获得收购剥离业务的所有必要审批。这种情况主要是涉及关系国防安全以及国计民生的管制行业。[1]

2. 限期寻找合适的购买方

（1）寻找合适购买方的义务主体。

第一，剥离义务人。反垄断执法机构没有义务去为资产剥离寻找合适的购买方，寻求购买方是剥离义务人所固有的义务。首先，从资产剥离活动的性质来看，世界上多数国家和地区的法律都规定，由经营者主动向反垄断执法机构提交资产剥离方案，反垄断执法机构无权强加任何合并救济措施在并购经营者身上，资产剥离作为合并救济措施的一种，实质上是并购方与反垄断执法机构的一个契约，因此，在反垄断执法机构通过资产剥离方案，允许并购后，剥离义务人自然有义务去寻找合适的购买人，履行自己的承诺。其次，从付出与收益的角度来考虑，寻找合适的购买方是要花费财力和人力的，但是合格购买方的找到，资产剥离的成功，并购的顺利进行的受益方是剥离义务人，所以剥离义务人自然而然地必须承担寻找合适购买人的义务。最后，从对相关市场的了解和掌握的信息角度来看，潜在的购买方必须是相关市

〔1〕 See Article 14, Model Divestiture Commitments formulated and published by DG Competition European Commission, 2003.

场的潜在进入者或者既有竞争者，剥离义务人就是相关市场中的经营者，其对市场和竞争者的了解比反垄断执法机构更深，能更快地找到合适的购买方，也节约了反垄断执法机构的行政成本。

第二，剥离受托人。剥离受托人，是指受剥离义务人委托并经反垄断执法机构同意，在受托剥离阶段负责出售剥离业务的自然人、法人或其他组织。这里虽然使用了委托的字眼，但是剥离受托人是一项特殊的委托代理关系，与传统民法的委托代理关系不同。

（2）寻找的时间限制。

第一，先行修正（Fix it first）。“先行修正”，是指在跨国并购反垄断审查期间，并购当事方确定了资产剥离方案，并且与特定购买方签订了资产出售协议，反垄断执法机构认为这个措施足以消除反竞争问题，因而做出准许并购的决定。这里，确定特定的购买方是反垄断执法机构做出准许并购决定的前提。这一制度在美国和欧盟有细微的差别。美国司法部反托拉斯局如果判定并购当事人与特定购买方签订的资产剥离协议足以消除其竞争忧虑，则司法部会停止调查。而欧盟委员会如果认定剥离协议足以消除其竞争忧虑，会做出准许并购的决定。

只有在有些并购案件中，合适的购买方很少，而且剥离资产的成活性和竞争力必须依赖于特定买方的资源和能力，反垄断执法机构才能要求并购当事人做出先行修正的承诺。同时，反垄断执法机构在审查“先行修正”措施时，必须仔细审查所提议的资产剥离方案中剥离义务人和买方之间的关系，因为这些买方是由剥离义务人自己选择的。可被接受的“先行修正”所包含的实体救济措施应该不比通过反垄断审查决定所达成的实体救济少。因此，反垄断执法机构需要充分调查，以便确定并购可能带来的竞争损害的性质和程度，以及“先行修正”是否能够消除这些竞争损害。

“先行修正”可以恢复相关市场的有效竞争，取消反垄断调查的必要性，使反垄断执法机构可以更有效地使用其资源，节约行政成本；而且，“先行修正”在制定合适的资产剥离方案时可以进行更为灵活的规定。因为不同的资产购买方可能会需要不同的资产组合以便开展竞争，“先行修正”可以为特定的资产购买方提供专门定制的资产组合，而附加限制性条件的决定则相反，必须界定能让可接受的潜在购买方开展有效竞争所必须的所有资产。[1] 由于“先行修正”比较便于反垄断执法机构提前做出全面的判断，因此备受反垄断执法机构的青睐。很多经营者也会主动尽早确定合适的购买方并获得反垄断执法机构的批准，以尽快结束审查程序。[2]

如果消除竞争损害的救济措施包括并购公司持续性履行义务，则“先行修正”不可接受。例如，如果并购后的公司被要求通过供应协议向购买方提供必要的资源，则“先行修正”不可接受。[3]

第二，购买方先行。“购买方先行”，是指反垄断执法机构做出附加资产剥离条件准许并购的决定后，剥离义务人必须先找

---

〔1〕 See, Section 5 of “Antitrust Division Policy Guide to Merger Remedies”, pp. 26-27.

〔2〕 丁茂中、林忠：《经营者集中控制制度的理论与实务》，复旦大学出版社2012年版，第93页。

〔3〕 See, Section 5 of “Antitrust Division Policy Guide to Merger Remedies”, p. 28.

到合适的购买方，并且签订资产出售协议，才能实施并购。购买方先行是保障剥离成功最重要的手段，预先购买方能够使反垄断执法机构确定一项不是独立经营业务的剥离资产在现实中是否能找到购买方以及买方是否可能恢复并购损害的竞争，当然，反垄断执法机构不仅要保障合适购买方进入相关市场，而且要审查购买方能否充分恢复竞争。克林顿政府时期，联邦贸易委员会的非行为性救济措施60%以上都适用了“购买方先行”。[1]

这个制度与“先行修正”相比，都要求先确定合适的购买方，从实践经验来看，二者具有在功能上的替代性，都是为了确保资产剥离的成功，都适用于对剥离资产购买方要求高的案件，但是“先行修正”消除购买方风险、缩短剥离期限的功能更强，因为“先行修正”是在反垄断执法机构做出决定前确定，“购买方先行”是在并购方并购结束前。“先行修正”中确定购买方的时间早于“购买方先行”时间点。而且，在两种制度中，反垄断机构的审查重点也不同，在“先行修正”中，反垄断执法机构的审查重点是整个资产出售协议，而“购买方先行”中的审查重点则是购买方是否适合。

欧盟第一次适用买家先行是在Bosch/Rexroth一案中，欧盟委员会调查发现，并购实体在水力活塞泵市场上将占据着支配地位。Rexroth只生产轴向柱塞泵，Bosch生产径向柱塞泵，但是欧盟委员会的调查证明这两种产品具有很高的可替代性。为了消除欧盟委员会的竞争关注，Bosch主动建议剥离它的径向柱塞泵业

[1] David Balto, Lessons from the Cliton Administration: The Evolving Approach to Merger Remedies, The George Washington Law Review, October/December 2001, Vol 69: 961.

务给其他竞争者。但是调查显示，资产剥离不可能恢复相关市场的有效竞争，除非购买方是个非常强的竞争者，否则，随着时间推移，Bosch 能够重新赢得由于剥离失去的市场份额，因为 Bosch 可以凭借他在水力活塞泵市场的顾客联系，说服顾客从径向柱塞泵转向轴向柱塞泵。因此，欧盟委员会决定，在找到合适的购买方并获得批准前，并购经营者不得完成并购。[1]

第三，做出附加资产剥离决定后的一个期限内。这是资产剥离中最常出现的情形。参与并购的企业一般都是在反垄断执法机构做出附加限制性条件准许并购的决定后，先完成集中交易，然后再实施资产剥离。即反垄断执法机构只要求剥离义务人在决定作出后的一定期限内找到合适的购买方，签订资产出售协议，完成资产剥离，并购可以在资产剥离完成之前实施。这种情况主要适用于剥离资产的成活性较高，对潜在购买方的要求比较低，寻找到适合的购买方不存在很大的困难。但是为了尽快恢复市场的有效竞争，反垄断执法机构一般都会规定一个适合的剥离期限。[2]

四、对剥离资产的要求

（一）竞争性标准

竞争性标准要求拟剥离的资产必须是引起反垄断执法机构竞

〔1〕 Massimo Motta, Michele Polo and Helder Vasconcelos, Merger remedies in the European Union: An overview, THE ANTITRUST BULLETIN: Vol. 52, Nos. 3 & 4/Fall-Winter 2007: 610.

〔2〕 如在日本三菱丽阳公司收购陆彩特国际公司案件中，中国商务部做出决定，陆彩特公司将其年产能 50%剥离出来，一次性出售给一家或多家非关联的第三方购买人，剥离的期限为 5 年。

争关注的资产，通过对这些资产的剥离，不仅可以消除因该项并购而导致的市场势力加强，而且该项资产可以被培育为一股新的竞争力量。[1] 竞争性标准是剥离资产的首要前提条件，这也是反垄断审查中的资产剥离与证券法中资产剥离的一个最重要区别。

在三菱案中，竞争问题主要出现在甲基丙烯酸酯市场上。商务部最后批准的资产剥离方案中剥离陆彩特甲基丙烯酸酯年产能的50%是符合竞争性标准的。

如果申报人提交的资产剥离方案中拟剥离的资产没有包括与存在竞争问题的相关市场密切关联的资产，那么这个方案是不可能消除反垄断执法机构对并购产生的竞争关注，反垄断执法机构不会接受这个方案作为合并救济措施。

（二）成活性标准

成活性标准是指剥离资产具有培育成为相关市场中的新的竞争力量的可能性较大，否则资产剥离无法产生恢复或者维持相关市场有效竞争的效果。反垄断执法机构在考虑剥离资产的成活性时，是不考虑潜在买方拥有的资源和能力的，因为通常是先确定剥离资产，然后再去寻找合适的购买方，二者存在明显的前后时间关系，只有在先行修正的情况下，反垄断执法机构才能将剥离资产与确定的购买方拥有的资源和能力匹配，判断是否能成活。

反垄断执法机构在评估剥离资产的成活性时，主要是从剥离资产的完整性角度进行的，即看剥离资产是否具有独立经营所具

[1] 丁茂中：《资产剥离机制解决竞争问题的有效性探析》，载《东方法学》2011年第3期。

有的关键因素，如关键技术、核心人员、销售渠道、原料供给等，只有拟剥离的资产具备了上述要素，才可能具有成活性。如果拟剥离的与引起竞争关注相关的资产难以成活时，当事人可以主动地将其他适合的资产一并打包剥离。

美国司法部反托拉斯局《并购救济指南》提到，反托拉斯局青睐剥离已经在相关市场上表现了竞争能力的现有业务实体的做法。现有业务实体不但具备所有的实体资产，还具备有效率地生产和分销相关产品所必须的员工、顾客清单、信息系统、无形资产和管理基础设施。如果现有业务实体中缺乏其中某种要素，就需要在剥离资产包中追加其他资产。如果并购双方都没有小于自身规模的现有业务实体，而且可以从并购双方组合起一套合格的资产，可以考虑剥离该尚未构成现有业务实体的资产。但是，必须让反托拉斯局相信这些资产将创造出一个有生存能力且能够恢复竞争的实体。剥离组合资产需要反垄断执法机构更加严格的审查。组合资产不是理想的剥离资产的原因在于资产剥离义务人和购买方之间信息不对等，如果购买方不是相关市场中的现有竞争者，那么他通常无法获知哪些资产是为了成为有效竞争者的关键资产，可能购买的只是一个缺乏竞争性资产的资产包。联邦贸易委员会在一些案件中接受剥离组合资产的合并救济措施，例如Albertsons/American Stores 案、BP/ARCO 案等。在 Federal-Mogul/T&N PLC 一案中，两个企业都是在欧洲和美国的很多的机动车零部件市场处于领先地位，这个并购将会使合营企业获得在小汽车、卡车以及重型设备的薄壁轴承 80%的全球市场份额。这个并购案在多个反垄断管辖区申报并接受审查。并购方主动提出了剥离一个由 Federal-Mogul 和 T&N PL 的资产组成的组合资产包，而不是独立经营的业务，甚至都已经提供了预先购买方。经过细致的审查，联邦贸易委员会认为该合并救济措施建议是欠缺的，不能消除反垄断执法机构的竞争关注，这个资产包中包含了并购方最不具有效率的业务，而且缺少知识产权等无形资产，联邦贸易委员会认为预先购买方不能将这些资产培育成一股具有竞争力的力量，最后要求剥离了 T&N 的整个薄壁轴承业务，包括 T&N 用于生产薄壁轴承的资产和厂房，以及所有相关知识产权。这些资产最终被剥离给了 Dana 公司。[1]

欧盟委员会也认为剥离由并购双方的资产构成的组合资产会有风险，组合资产可能不具有成活性和竞争性，因此，需要格外仔细的评估。如果潜在收购者已经具备了或很容易从竞争市场上获得现有业务实体的某些资产，也可以考虑剥离尚未构成现有业务实体的资产。例如，在潜在的收购者已经有了自己的分销系统的情况下，如果仍然要求在剥离资产包中纳入类似的分销系统，就会形成不必要的冗余资产。[2]

（三）可售性标准

可售性标准要求拟剥离的资产有向独立第三人出售的可能性，因为剥离资产只有出售给合适的购买方，才有可能实现培育一股新的市场竞争力量的可能。可售性标准是从以下方面进行评估的：

第一，拟剥离的资产是属于法律上可以自由流通的，至少是

---

〔1〕 David Balto, Lessons from the Cliton Administration: The Evolving Approach to Merger Remedies, The George Washington Law Review, October/December 2001, Vol 69: 970.

〔2〕 美国律师协会反垄断分会编：《美国并购审查程序暨实务指南》，李之彦、王涛译，北京大学出版社 2011 年版，第 477~479 页。

限制流通的。

第二，具有吸引购买方的潜力。要使拟剥离的资产尽快被出售，剥离资产必须具有吸引合适购买方的特质，否则会面临无人问津的尴尬境地。如果可以将诸多落后技术、夕阳产业、老化设备放入剥离资产包中，这些资产没有市场潜力，因此也不会有潜在的购买方存在。从实践来看，反垄断执法机构一般通过相应的市场测试来测试拟剥离资产的潜在市场吸引力。[1]

第三，价格合理。由于潜在的合适购买方与资产剥离当事人之间不能存在实质利害关系，因此，有关剥离资产的出售通常不被允许以股权置换等非现金交易方式进行，而是以现金交易方式进行。为了使购买剥离资产在最大程度上减少对合适购买方的现金流的影响，以保障剥离资产的最终成活，拟剥离资产的定价不宜太高。[2]

五、剥离资产成活性和竞争性的保障

（一）资产剥离过渡期中待剥离资产维持

资产剥离过渡期分为三个阶段，自行剥离阶段、受托剥离阶段以及剥离资产转移阶段，在这三个阶段内，首先，剥离义务人要将剥离资产与剥离义务人的其他资产与业务分离，其次，要确保剥离资产的价值不被减损，这样才有利于保持剥离资产的活力和可竞争性。

---

〔1〕 丁茂中：《经营者集中控制制度中的资产剥离问题研究》，上海社会科学院出版社 2013 年版，第 113 页。

〔2〕 丁茂中：《经营者集中控制制度中的资产剥离问题研究》，上海社会科学院出版社 2013 年版，第 113 页。

1. 剥离资产分离

在反垄断执法机构通过并购申报人的资产剥离方案后，剥离义务人要把剥离资产从其拥有的整个资产中分离出来。对于存在物理属性的资产，如厂房、机器、雇员等，剥离义务人只要形式上做到与其剩余的资产相分离即可，例如，剥离义务人可以建立临时的工作场地将剥离资产涉及的厂房、设备和人员等进行分割。对于非物理形态的资产，如无形资产、进货渠道和产品销售渠道等，剥离义务人必须保证这些资产的所有权、使用权、交易权等处于监管受托人或单独持有受托人的掌握之下。例如，剥离义务人可以将相关的权属法律文件交由监督受托人或单独持有人进行保管，并承诺不会进行任何与此相关的权属转让活动。

剥离义务人需要根据剥离资产和保留资产的关系来确定资产的分离方式，如果剥离资产和保留资产在形式上不存在任何交叉，则剥离义务人采取隔离措施即可；如果剥离资产的内容和保留资产的内容在形式上存在不同程度的交叉，如业务或者办公资源共享，则剥离义务人需要采取特定措施。以特定办公资源共享为例，剥离义务人需要将相应的办公资源进行复制，重新建立一个独立的 IT 系统。

2. 剥离资产保值

剥离资产的独立保管的目的是对剥离资产进行保值，维持资产在过渡期内的成活性和竞争力。也有的学者把这个义务称为过渡期的善意经营义务。首先，剥离义务人要尽到善良管理人的义务，维持剥离资产的现有状态，并保证不会对剥离资产的成活性和竞争力造成损害；其次，剥离义务人要继续支持剥离资产的发展，尤其是剥离资产是处在更新换代比较快的产业，或者投资需要具有连续性的产业时更是如此；再次，剥离义务人不得将剥离资产中的关键员工调离至其他部门，也不能引诱关键员工辞职或跳槽；最后，剥离义务人应保护待剥离资产的商业秘密或其他保密信息。2009 年中国商务部批准的松下收购三洋公司一案就涉及了剥离资产独立保管中的保密信息的隔离。[1]

资产独立保管中，监督受托人需要重点监督剥离资产的运营，监督受托人应当向反垄断执法机构报告剥离资产的成活性和竞争性状况。除监督受托人，剥离资产独立保管中，剥离义务人往往还需要任命单独持有受托人去负责拟剥离资产的分离、管理和保护。单独持有受托人可以由剥离义务人推荐，监督受托人或反垄断执法机构批准，也可以直接由监督受托人或反垄断执法机构任命。单独持有受托人在监督受托人的监督下管理拟剥离资产，并向监督受托人汇报工作，监督受托人直接对单独持有受托人下达具体指示。欧盟委员会竞争总局 2005 年《合并救济研究报告》中指出，单独持有受托人应满足如下资质要求：首先，独立于并购各方，不存在实质利害关系；其次，能够与监督受托人紧密合作，认真完成监督受托人的指示；再次，经验丰富，具备足够的资历与买方进行沟通，善于解决问题；最后，对拟剥离资产绝对忠诚，实现拟剥离资产利益的最大化。[2]

（二）资产剥离后的协助经营

资产剥离完成以后，并购给相关市场所带来的竞争损害或损

---

〔1〕 该案公告明确规定，除为履行法定义务而披露信息，从集中完成到资产剥离完毕这段期间内，松下公司与三洋公司的相关事业主体独立经营，不得向对方披露有关价格、客户的信息和其他竞争性信息。

〔2〕 See Merger Remedies Study DG COMP, European Commission, p. 67.

害威胁只是在形式上得到了解决，只有剥离资产在合适的购买方手中真正成长起来，形成市场上的一股有效的竞争力量时，才真正消除了反垄断执法机构的竞争关注，实现了资产剥离的目的。〔1〕

在美国《委员会资产剥离程序研究》中，发现的一个很重大的问题是，剥离义务人与剥离资产购买方在资产剥离后存在持续的联系，例如供应协议、技术支持协议等，这些会增加买方受剥离义务人攻击的可能性。在研究的 19 个剥离义务人与剥离资产购买人存在持续联系的案件中，6 个案件中，这种持续关系对于购买方独立经营是有损害的，另外 7 个案件中，这种持续关系导致剥离义务人和剥离资产购买人不能形成竞争关系。〔2〕但是，这种持续联系也可能是剥离资产购买方经营的必备前提条件。

虽然在资产剥离完成后，剥离资产的成活性和竞争力主要取决于购买方的经营管理能力以及是否投入足够的资源。但是在剥离的初期，尤其是剥离资产不是独立经营的业务时，合适的购买方往往会缺少一些经营所需的关键因素，如关键的技术、原材料的供给等。〔3〕如果合适的购买方不能及时地获取这些资源，资产的成活性和竞争性将会受到很大的影响，甚至剥离资产会夭折。而剥离完成了，剥离义务人和剥离资产购买人就是潜在的竞

---

〔1〕丁茂中：《资产剥离机制解决竞争问题的有效性探析》，载《东方法学》2011 年第 3 期。

〔2〕David Balto, Lessons from the Cliton Administration: The Evolving Approach to Merger Remedies, The George Washington Law Review, October/December 2001, Vol 69: 960.

〔3〕丁茂中：《资产剥离机制解决竞争问题的有效性探析》，载《东方法学》2011 年第 3 期。

争者，剥离义务人是不愿意在资产剥离完成后向剥离资产的购买方提供相关的资源的。

为了确保资产剥离的成功，很多国家和地区的反垄断执法机构都会在附加救济措施的批准决定中要求剥离义务人在资产剥离后的一个固定期限内向剥离资产购买人提供反垄断执法机构认为必要的相关资源。在辉瑞案中，我国商务部在附条件批准的决定中，明确规定了辉瑞公司的资产剥离后的协助经营义务。[1]

六、资产剥离承诺的变更

资产剥离承诺的变更非常罕见，因为为了保障剥离资产的成活性和竞争力，资产剥离承诺必须在反垄断执法机构做出决定后的很短时间内执行完毕，一般是3个月到1年，如此短的时间内相关市场情况发生变化的可能性很小。当然，为了真正实现资产剥离恢复和维持竞争的目的，欧美各国反垄断执法机构不排除资产剥离案件中，由于出现特定情况，使得变更资产剥离承诺成为必要。

（一）变更剥离期限

资产剥离承诺的变更通常表现为变更剥离期限。在资产剥离承诺中，反垄断执法机构通常都确定了比较短的、确定的剥离期限，剥离义务人必须在此期限内找到合适的购买方，签订资产出售协议，完成资产剥离。但是，在剥离过程中，可能出现有些当

---

〔1〕 在剥离后3年内，根据购买人的请求，辉瑞公司有义务向购买人提供合理的技术支持，协助其采购猪支原体肺炎疫苗所需的原材料，并对购买人的相关人员提供技术培训和咨询服务。

事人不可控的因素而导致无法在反垄断执法机构确定的资产剥离期限届满前完成资产剥离。当同一个交易涉及多个司法管辖区审查时，这种情形经常发生。例如，同一并购交易向美国和欧盟同时申报时，由于法定审查期限的不同，欧盟委员会通常会早于美国反垄断执法机构做出决定。在这种情况下，如果欧盟委员会做出了附加资产剥离承诺的准许并购的决定，则剥离义务人由于尚需等待美国反垄断执法机构的审查结果，可能无法保证按时完成资产剥离，而需要申请延长剥离期限。在 Unilever/AlbertoCulver 案中，为消除反竞争效果，美国司法部要求剥离交易方 Alberto VO5 业务和 Rave 业务，法院的最终判决是 2011 年 7 月 19 日作出的，8 月 5 日又作出了一份期限延长通知，将判决确定的资产剥离期限延长了 30 日。[1]

（二）变更待剥离资产

在有些案件中，由于相关市场环境的变化，最初确定的剥离资产变得不再合适。在 Hoechst/Rhone-Poulenc 案中，为消除欧盟委员会有关并购双方在多种化学品市场业务重叠的竞争关注，Rhone-Poulenc 承诺剥离其持有的 Rhodia 的股份，Rhone-Poulenc 后来出售了其持有的 Rhodia 的 42.3%的股份，并经欧盟委员会的许可，将其余的 Rhodia 股份作为 2003 年 10 月到期的可装换票据予以发行，1999 到 2002 年，Rhodia 的股价从 20 欧元降到 10 欧元后，市场上没有票据持有人愿意将他们的票据换成 Rhodia 的股份。为了将这些股份在股票市场上出售，或者出售给第三方

〔1〕 韩伟：《经营者集中附条件法律问题研究》，法律出版社 2013 年版，第 168 页。

战略投资者，并购后企业（Aventis）再次在欧盟委员会的许可下，以公开招标的方式，重新通过现金收购了这些票据。结果，Rhodia 的股价仍然下跌，这意味着这些选择权的出售没有成功。虽然 Rhodia 在银行的帮助下进入了紧急重组状态，Aventis 仍考虑将剩余的 9.9%的 Rhodia 的股份出售掉。最终，基于 Rhodia 快速恶化的财务情况以及重组的需要，在 Aventis 的请求下，替换为 Aventis 剥离其在 Wacker-Chemie 的股份。[1]

（三）变更剥离资产的购买方

有些情况下，资产剥离承诺的变更是指反垄断执法机构先前批准的合适的购买方发生了变化。匈牙利竞争局处理的 Tirlemontoise/Roosevelt 案便涉及待剥离资产的购买方变更。该案中，为了消除反垄断执法机构对于该并购的竞争关注，Sudzucker 承诺将其持有的 EasternSuger 的股份剥离给 Tate&Lyle。在资产剥离过程中，Sudzucker 与 Tate&Lyle 就股份的剥离谈判最终失败，但是并购已经完成。反垄断执法机构于是在 2003 年 6 月做出了第二次决定，变更了最初确定的合并救济措施，改为 Sudzucker 将其持有的 Eastern Suger 股份剥离给独立第三方。最终，Sudzucker 将其持有的 Eastern Suger 的股票出售给了独立的第三方 Zuckerfabrik Julich AG.

七、小结

资产剥离是最重要的合并救济措施，结构性救济措施能够从根本上、源头上解决并购带来的实质性减少竞争的负面影响，而

〔1〕 韩伟：《经营者集中附条件法律问题研究》，法律出版社 2013 年版，第 69 页。

且一般在1年内都能完成，不需要反垄断执法机构长时间的监督。因此，各国反垄断执法机构都更加青睐资产剥离。在设计资产剥离方案时，要明确资产剥离的期限、剥离资产的范围、剥离资产的要求、资产剥离中各方当事人的权利和义务等，当市场条件发生了不可预见的变化时，还要变更资产剥离承诺。资产剥离中，资产剥离的范围在很大程度上决定了其是否能找到合适的购买方，以及购买方是否有能力脱离剥离义务人而继续运作。对剥离资产的竞争性和成活性要求则保障了剥离资产被剥离后，可以被培养成一个有竞争力的业务。资产剥离中涉及两种受托人，剥离受托人和监督受托人，这两种受托人的职责不同，但都是为了保障资产剥离迅速、顺利地完成，并且能够实现资产剥离的目标。在剥离的初期，尤其是剥离资产不是独立经营的业务时，合适的购买方往往会缺少一些经营所需的关键因素，为了确保资产剥离的成功，很多国家和地区的反垄断执法机构都会在附救济措施的批准决定中要求剥离义务人在资产剥离后的一个固定期限内向剥离资产购买人提供反垄断执法机构认为必要的相关资源。

第二节　行为性救济措施的具体实施

一、如何确保行为性救济措施的可执行性

行为性救济措施在维护竞争方面同样是有效的，但是，如果其无法被执行，救济方案就是无效的。那些太过模糊而无法被执行，或者很容易被曲解或者被规避的行为性救济措施，将无法实

现合并救济的目的。[1]

与结构性救济措施相比，行为性救济措施的执行期限一般都比较长，需要反垄断执法机构长期的监督。要在这么长的时间内确保救济效果的实现，反垄断执法机构需要从很多方面着手努力，设计出一个内容齐全又灵活的行为性救济措施。首先，要根据并购交易对竞争的影响设计适当的行为性救济措施，每一个行为性救济措施适用的情形是不同的，例如，开放承诺适用于解决由于存在排他性协议、网络效应，核心专利技术联系导致的竞争问题。其次，要有完善的配套监督机制。反垄断执法机构是个行政机构，不可能对行为性救济措施的履行进行直接监督和检查，因此，需要借助监督受托人以及后面的行业协会进行监督。再次，要包括复审条款。行为性救济措施的执行期限特别长，如果没有规定复审条款，可能导致市场条件发生变化后，行为性救济措施无法执行。最后，行为性救济措施的表述必须清晰、明确，使得行为性救济措施义务人在执行该措施时，明确知道哪些能做，哪些不能做，要尽量避免那些可能导致规避行为性救济措施执行的含糊语言以及潜在的漏洞。

关于行为性救济措施的期限问题，反垄断执法机构也必须慎重考虑，如果期限太长，可能导致行政机关对经济的过度干预。但是，如果期限过短，则可能威慑能力不足，达不到预期的救济目标。

二、行为性救济措施实施中的监督受托人

和结构性救济措施一样，行为性救济措施中的并购当事人

---

〔1〕 See Antitrust Division Policy Guide to Merger Remedies, 2011, p. 13. .

一般缺乏足够的意愿去有效实施行为性救济措施。对交易当事人而言，附加的行为性救济措施往往与其直接经济利益相冲突，虽然当事人直接违背承诺的可能性不大，但是其态度可能会非常消极。因此，行为性救济措施可能面临无法实现或无法适当落实的风险，设置监督机制变得非常必要。但是，反垄断执法机构是在基于一个一个的案件来执行反垄断法，而不是像管制者一样，长期监控某一行业，而且他们也缺乏必要的资源和专业知识去监督合并救济措施的执行，特别是对部分行为性救济措施。[1] 因此，在实践中，反垄断执法机构通常任命监督受托人对行为性救济措施的执行进行监督。

行为性救济措施中的监督受托人制度，与前文资产剥离中的监督受托人在任职资格、职责和义务与并购申报人的权利关系等方面都相同，本部分不再赘谈，只介绍一些特殊的地方。

与资产剥离的实施不同，行为性救济措施的实施期限往往更长，对行为性救济措施进行监督时，监督人对特定行业以及行业中企业行为的经济原理有深入的了解，就显得非常重要。因此，对行为性救济措施的监督，一些行业专家、对特定行业具有丰富经验的咨询公司可能更具有优势。从实践来看，大型的投资银行、咨询公司或者会计师事务所作为监督受托人，都容易出现独立性问题，特别是监督那些持续期限很长的行为性救济措施时。监督职责持续期间，交易方可能会改变公司审计师或者为重要项

〔1〕 Jonas S Breuckner and Thomas Hoehn, Monitoring Compliance with Merger Remedies—The Role of the Monitoring Trustee, COMPETITION LAW INTERNATIONAL, September, 2010: 73.

目任命新的顾问，或者收购一些与监督受托人有关系的企业，这些行为都可能导致利益冲突。[1] 一种可行的方案是寻求涉案行业中既存的行业管制部门的监督，比如信息和通信产业，行业监管部门可能在行为性救济措施的设计和执行方面起着非常重要的作用，这些行业的行为性救济措施主要涉及关键投入要素和基础设施的开放，开放的行为性救济措施一般很难监督，交易当事人很容易通过拖延或者设置不合理的开放价格去阻扰合并救济措施的有效实施，这类救济措施一般需要更复杂、更为精密的监督，因此行业管制部门很适合承担监督受托人的职责。[2]

以行业监管机构作为行为性救济措施的监督受托人，在国外有很多案例。比如在 Verbund/Allianz 案中，澳大利亚能源监管部门 E-control 便承担了监督受托人的角色；TPS/Canal+案件中，法国广播局也被任命为监督受托人；在 2008 年的 Macquarie/National GridWireless 案中，英国通信管理局也被任命为监督受托人。[3]

与结构性救济措施的实施不同，监督受托人在行为性救济措施的实施中与那些救济性措施实施有利害关系的第三方的关系更为重要。监督受托人受任后，一般会主动帮助交易当事人去建立遵循救济措施义务的制度体系，并设计与第三方的沟通和联系机制。这涉及监督受托人可能作为调解人去解决第三人与交易当事人之间的争议。此外，监督受托人还要经常向反垄断执法机构汇报市场的发展状况并评估行为性救济措施的有效性，监督受托人

〔1〕 韩伟：《经营者集中附条件法律问题研究》，法律出版社 2013 年版，第 152 页。
〔2〕 韩伟：《经营者集中附条件法律问题研究》，法律出版社 2013 年版，第 148 页。
〔3〕 韩伟：《经营者集中附条件法律问题研究》，法律出版社 2013 年版，第 148 页。

还可能需要去监督供应合同或者分销合同的定价情况，或者需要与第三方协商具体的知识产权许可条款，或者审核与实施行为性救济措施相关的合同。监督受托人的这些职责，某种意义上便体现了浓厚的行业管制色彩。[1]

三、行为性救济措施执行争议的仲裁机制

由于行为性救济措施的执行比较复杂，可能涉及的主体主要包括反垄断执法机构、并购经营者、行业管制机构以及第三人。行为性救济措施执行过程中并购企业与其他利益第三方出现争议的可能性很大，如经营者不对第三方履行承诺、双方对合同条款不能达成合议等，一旦上述分歧或争议不能得到及时、有效地解决，将会严重阻碍行为性救济措施的实施，致使恢复市场竞争的目的落空。解决行为性救济措施执行过程中并购经营者与第三人之间争议的方法有三种：首先是反垄断执法机构或行业监管机构介入，通过调解解决争议；其次是通过法院调解或诉讼解决；最后是仲裁程序。欧美等国家针对行为性救济措施执行过程中与第三人发生的争议，越来越多地通过仲裁解决。[2]

（一）可仲裁救济措施的界定

合并救济措施如果涉及第三人，则在合并救济措施执行过程中，参与并购的企业，尤其是合并救济措施的直接义务人与第三人可能会出现争议。可仲裁性救济措施是指可以通过仲裁机制去

〔1〕 韩伟：《经营者集中附条件法律问题研究》，法律出版社2013年版，第149页。

〔2〕 刘武朝：《经营者集中附加限制性条件制度研究——类型、选择及实施》，中国法制出版社2014年版，第198页。

解决并购企业与第三方就合并救济措施的执行所产生争议的合并救济措施。设置可仲裁性救济措施后，除反垄断执法机构与并购当事人之间建立特殊的关系，还会导致并购企业对其他私人主体承担义务。通过仲裁，第三人除可以主张并购企业执行合并救济措施，还可以主张因并购企业不执行或不恰当执行合并救济措施而对其造成的民事损害赔偿。〔1〕

（二）行为性救济措施的可仲裁性

选用仲裁机制作为解决行为性救济措施的直接义务人与第三人之间的争议的方式，前提条件就是行为性救济措施的可仲裁性。欧盟2008年《可接受救济措施通告》规定："考虑到行为性救济的履行期限都比较长，也比较复杂，通常需要长时间的监督，以确保该承诺得到有效履行。因此，委员会经常要求监督受托人参与监督此类救济措施的执行，并建立一个快速的仲裁程序，以便提供一个争议解决机制使该救济措施得以顺利执行。"〔2〕美国司法部2011年的《并购救济指南》也明确规定了仲裁机制的适用："当同意令中包含一项非歧视条款时，司法部反垄断局可能要求设置一项仲裁条款，该仲裁条款确定在司法部反垄断局不直接干预的前提下，第三人与合并后的企业可以依据该仲裁条款去解决他们之间的争议。"〔3〕

（三）仲裁机构与反垄断执法机构之间的关系

承诺中包含仲裁条款，并不影响反垄断执法机构的权力，仲

---

〔1〕 韩伟：《经营者集中附条件法律问题研究》，法律出版社2013年版，第153页。

〔2〕 See Commission notice on remedies acceptable under council Regulation (EC) No139/2004 and under Commission Regulation (EC) No802/2004.

〔3〕 See Antitrust Division Policy Guide to merger remedies, p. 15.

裁条款只是承诺的一部分，构成了对承诺的一种监督机制，在对承诺执行的仲裁中，仲裁机构和反垄断执法机构的功能相互独立，既不重叠，也不互相替代。一方面，反垄断执法机构与仲裁机构具有平行的职责；另一方面，反垄断执法机构保留整体上监督承诺执行的职责。仲裁机构只是进行司法救济，其内容主要是合同和侵权方面的损害救济。反垄断执法机构对不遵循合并救济承诺的并购企业仍可以处以罚金，甚至拆分已经完成的并购。因此，仲裁机构与执法部门是一种互补关系，仲裁机构不会影响反垄断执法机构的执法权力。[1]

欧盟的 ARD 一案的法院判决中对这两者的关系进行了清晰的说明。ARD 案的判决指出，如果当事人没有遵守仲裁裁决，欧盟委员会必须确保仲裁裁决执行。不遵守仲裁裁决是并购当事人对承诺的违反，欧盟委员会可根据《关于控制企业集中（EC）第 139/2004 号理事会条例》去执行承诺。就仲裁庭而言，其任务是解决私人主体之间的争议，从而是间接执行承诺。仲裁庭不是欧盟委员会的代理机构，也不能替代欧盟委员会，比如不能依据复审条款去变更承诺，仲裁机构的角色只限于承诺确定的内容框架之内。因此，从欧盟委员会的角度看，仲裁机构的角色，在于其可以独立做出决定，这可以导致对承诺的适当执行。同时，仲裁机构应与欧盟委员会有紧密以及良好的合作，因为欧盟委员会保留了对承诺执行的整体上的职责。[2]

反垄断执法机构在仲裁机制中的角色集中体现在三个方面：

---

〔1〕 韩伟：《经营者集中附条件法律问题研究》，法律出版社 2013 年版，第 154 页。

〔2〕 韩伟：《经营者集中附条件法律问题研究》，法律出版社 2013 年版，第 154 页。

首先，反垄断执法机构有权以下述方式参与仲裁程序所有阶段的活动：①接受仲裁当事人提交的所有书面材料；②接受所有仲裁命令、暂时以及最终裁决以及仲裁庭与仲裁当事人交换的其他文件；③可以提交法庭意见；④参与听证会并有权向当事人、证人与专家询问问题；其次，仲裁庭应该要求仲裁当事人向反垄断执法机构提交上述文件，不得拖延；最后，当仲裁当事人对反垄断执法机构的附加合并救济措施决定的理解出现分歧时，在基于对案件决定的理解而做出有利于一方的判断前，仲裁庭可能会寻求欧盟委员会对附加合并救济措施决定的解释。〔1〕

四、行为性救济措施的变更

对合并救济措施的变更和终止，一般都是与行为性救济措施相关。以开放承诺为例，这类救济措施有时可能要持续数年时间，反垄断执法机构在作出跨国并购反垄断审查决定时，不可能预见到未来所有的情况，所以这类行为性救济措施在将来发生变动的可能性就很大。欧盟委员会竞争总局 2005 年的《合并救济研究报告》指出，如果有必要，有些开放承诺在其执行后期可以进行复审，以便对承诺进行修改或废除。这种灵活性意味着，由于相关市场的环境发生变化，有些承诺可能变得多余或不再是必要的。该报告提到，竞争总司对开放承诺案件进行调研的过程中，受访的并购企业都指出，开放承诺中的复审条款是必要的。〔2〕但是在对开放承诺进行复审的过程中，有一个难题是确定受访对

〔1〕 Gorden Blanke. The use and Utility of International Arbitration in Merger Remedies [M]. Europa Law Publishing Groningen. 2006: 19.

〔2〕 See Merger Remedies Study DG COMP , European Commission, p116.

象。与资产剥离中存在确定的购买方不同，开放承诺没有一个明确的受益方，开放承诺的受益对象是针对一个开放的大群体。[1]

英国竞争委员会在2008年《并购救济指南》中指出，附加行为性救济措施时，对于行为性救济措施的持续期限，如果案件审查时很难判断所需的精确持续期限，竞争委员会主要依赖于并购后企业基于市场环境的显著变化而申请行为性救济措施的变更或废止，或者推荐给公平贸易办公室去复审行为性救济措施持续的必要性。[2]

在Bombardier/ADtranz一案中，Bombardier被要求剥离其在VA Tech的子公司ELIN中的股份，从而使得ELIN成为独立的列车组件供应商。为了保障ELIN的成活性和竞争性，Bombardier承诺与ELIN签订一项截至2006年的合作协议，从而确保将来继续从ELIN购买列车组件。2005年7月，欧盟委员会做出了准许Siemens收购VA Tech（包括ELIN）的决定，而Siemens本身就是一家铁路机车的主要供应商。由于这一交易的影响，欧盟委员会认为ELIN不再需要为其生存而获取订单保障，因此终止了Bombardier对于ELIN的购买义务。[3]

五、小结

芝加哥学派认为规模经济是绝对有效率的，任何剥离都只会

---

〔1〕 See Merger Remedies Study DG COMP , European Commission, p114.

〔2〕 See Article 4.7 of Merger Remedies: Competition Commission Guidelines, Nov, 2008.

〔3〕 韩伟：《经营者集中附条件法律问题研究》，法律出版社2013年版，第170~171页。

损坏经济效率，损害消费者福利，因此，对于并购可能造成的反竞争影响，只能适用行为性救济措施。行为性救济措施是一个开放的体系，没有种类限定，因此，灵活性是其最大的特征。要保障行为性救济措施的有效实施，首先，要确保行为性救济措施具有可执行性，反垄断执法机构要根据并购导致的竞争问题，有针对性地设计行为性救济措施；其次，行为性救济措施的实施效果依赖于反垄断执法机构长期有效的监督，监督的成本很高，因此，指定一个称职的监督受托人是很关键的；再次，由于行为性救济措施的执行比较复杂，执行过程中并购后企业与其他利益第三方出现争议的可能性很大，为了确保行为性救济措施执行过程中的争议出现后能够快速解决，避免相关市场竞争因争议而受到不当影响，应该建立行为性救济措施执行争议的仲裁机制；最后，行为性救济措施的执行期限一般都很长，甚至在十年以上。反垄断执法机构在做出跨国并购反垄断审查决定时，不可能预见到未来所有的情况，所以这类行为性救济措施在将来发生变动的可能性就很大。由于相关市场的环境发生变化，有些承诺可能变得多余或不再是必要的。因此，合并救济措施中一定要附加复审条款。

第三节　并购方不履行合并救济承诺的法律责任

一、行政责任

（一）责令停止实施并购

对于还在进行的并购，如果并购经营者不履行合并救济承诺，反垄断执法机构可以责令其立即停止实施并购。责令停止并购是反垄断执法机构追究并购经营者其他责任的前提，否则，如果放任并购经营者继续实施并购，将进一步损害市场竞争，最终损害社会公共利益和消费者权益，因此，反垄断执法机构要及时叫停并购，将可能造成的竞争损害尽量控制在当前范围内。

（二）限期改正，延长行为性救济措施的执行期限

对于并购经营者不履行合并救济承诺的，反垄断执法机构可以责令其限期改正，积极履行合并救济承诺。合并救济措施是并购申报人与反垄断执法机构合意达成的，其能有效地平衡经济效益与市场有效竞争，是双方经过深思熟虑后达成的。因此，当事人直接违背合并救济承诺的可能性不大，只是态度可能会非常消极。因此，如果并购经营者出现了轻微的违反合并救济承诺的行为，反垄断执法机构可以给予其改正的机会。同时，为了体现法律责任的威慑性，反垄断执法机构可以延长行为性救济措施的执行期限，加重并购经营者的义务。

（三）恢复原状

欧盟《关于控制企业集中的（EC）第139/2004号理事会条例》规定，如果委员会发现并购已经完成，但是违反了附加的救济措施，并且在缺乏这个救济措施的情况下，该并购与共同市场不相容，欧盟委员会可以要求相关企业分解该并购，特别是通过拆分并购企业或者出让其所获得的股份或资产来分解该项并购，以恢复到完成并购之前的情形，如果通过拆分企业无法达到恢复此前的情形，欧盟委员会可采取任何其他措施来尽可能达到恢复

原状的目标。[1]

我国2008年《反垄断法》也规定，对已经实施集中的，反垄断执法机构可以责令限期处分股份、资产，限期转让营业或者采取其他必要措施恢复到集中前的状态。

拆分企业使市场结构恢复到并购前的状态具有独特的威慑效果，反垄断执法机构并不希望采用这种方式，而是希望并购企业能够自觉履行承诺，避免适用拆分企业这种行政责任，因为拆分企业具有很大的执行难度，而且容易造成企业效率和社会效益的损失，因此，各国反垄断执法机构都是谨慎地适用拆分企业的制裁手段。[2]

（四）行政罚款

对于并购经营者违背合并救济承诺，绝大多数国家的法律都规定了行政罚款。但是各个国家对罚款的数额以及确定数额的依据不同。我国2008年《反垄断法》规定了可以处以50万元以下的罚款。根据欧盟《关于实施条约第81条和第82条制定的竞争规则的（EC）第1/2003号理事会条例》的规定，对于并购经营者违反合并救济承诺，欧盟委员会可以处以不超过其前一营业年度总营业额的10%；也可以通过决定，对企业处以定期罚款，罚款金额每天不超过上一营业年度平均日营业额的5%，后者主要是迫使并购经营者早日遵守附加的合并救济措施；在确定罚款的额度时，欧盟委员会应该同时考虑到违法合并救济承诺的严重性

〔1〕袁日新：《经营者集中救济研究》，辽宁大学2010年博士学位论文。
〔2〕袁日新：《经营者集中救济研究》，辽宁大学2010年博士学位论文。

和持续的时间，这些罚款不具有刑法性质。[1]

美国司法部反托拉斯局如果认定有人违反了和解裁决，将提起执法诉讼，迫使被告遵守法庭命令或者对原告的损失做出赔偿。执法人员可能同时要求强制令救济和按日累计的罚金，直到判决得到遵守为止。[2] 在 Schnuck /St. Louis 一案中，联邦贸易委员会要求 Schnuck 在 12 个月内剥离 24 家店铺，在剥离完成前，由于 Schnuck 没有对这些店铺好好管理，导致只剩下了一些没有吸引力的资产，联邦贸易委员会提起了民事赔偿诉讼，最终，Schnuck 同意支付 300 万赔偿金，并且额外再剥离两家店铺。[3]

二、民事责任

如果由于并购经营者不履行合并救济承诺，给第三人造成了损害，遭受损失的人可以直接向法院提起诉讼。承担责任的方式一般包括停止侵害以及赔偿损失。

停止侵害就是消除垄断行为导致的危险状态，在合并救济中，就是责令经营者停止实施并购。停止侵害救济在美国反垄断法上表现为禁令救济，依据《克莱顿法》第 15 条规定，任何人、企业、公司都有权在有管辖权的法院起诉获得禁令救济，以避免遭受违反反垄断法行为造成的损害，或者即将发生损害的危

---

〔1〕 殷继国：《反垄断执法和解制度：国家干预契约化之滥觞》，中国法制出版社 2013 年版，第 207 页。

〔2〕 美国律师协会反垄断分会编，李之彦、王涛译：《美国并购审查程序暨实务指南》，北京大学出版社 2011 年版，第 498~499 页。

〔3〕 David Balto, Lessons from the Cliton Administration: The Evolving Approach to Merger Remedies, The George Washington Law Review, October/December 2001, Vol 69: 961.

险。[1] 我国《专利法》和《商标法》等都规定了诉前禁令，但是对于我国反垄断法领域能否适用禁令存在不同的观点。有的学者认为，在反垄断民事诉讼中，当事人不得要求法院判令并购经营者停止侵害行为，因为责令经营者停止实施并购是反垄断执法机构的职能，这在前述行政责任中也已经进行了阐述，既然法律将责令停止侵害的权力授予了反垄断行政执法机构，法院就无权直接判令经营者停止实施并购，司法权不能代替行政执法权，对于侵权行为仍处于持续状态的，第三人可以向反垄断执法机构举报，请求反垄断执法机构责令并购经营者停止实施并购，如果反垄断执法机构不作为，当事人可以启动司法审查程序，请求法院判令反垄断执法机构做出具体的行政行为，以维护自身的合法权益。笔者认为，这种说法比较机械，不符合救济的及时性，法院不能坐等损害的发生和扩大，在第三人向法院提起诉讼，要求判令并购经营者停止实施并购时，法院应该积极行使司法权，及时制止非法并购对第三人造成的损害。但是，这里涉及民事责任与行政责任竞合的问题，并购经营者只需要履行其中之一即可。[2]

赔偿损失是反垄断民事法律责任最主要的表现形式，在实践中又表现为补偿性损害赔偿和惩罚性损害赔偿两种主要形式。补偿性损害赔偿一般只以对第三人造成的实际损害为限度，补偿性损害赔偿与传统的民法、侵权行为法的逻辑是一致的，但是缺乏对并购经营者违背合并救济承诺的制裁性和惩罚性。日本、德

---

〔1〕 张瑞萍编著：《反垄断诉权保障机制研究》，立信会计出版社 2013 年版，第 178 页。

〔2〕 张瑞萍编著：《反垄断诉权保障机制研究》，立信会计出版社 2013 年版，第 179~180 页。

国、芬兰等国家的反垄断法都是规定的补偿性赔偿制度。惩罚性赔偿，是指违法行为人所承担的赔偿数额远远超过第三方所遭受的损失，具有非常大的威慑力。惩罚性赔偿制度包括绝对 3 倍赔偿、合理的 2 倍赔偿以及弹性的 3 倍赔偿制度。[1] 美国反垄断法上的 3 倍赔偿是最典型的惩罚性赔偿，只要原告胜诉，被告须支付给原告损害额 3 倍的赔偿以及诉讼费和合理的律师费。欧盟介于实际损害与美国 3 倍赔偿之间，采用双倍损害赔偿原则。[2] 我国目前反垄断法对于民事赔偿的数额和标准没有做出规定，因此只能适用民法典中的补偿性赔偿原则。

三、刑事责任

美国是世界上最早规定垄断行为刑罚制裁的国家，主要是罚金和监禁两种方式。美国反垄断刑罚制裁的案件基本上都是那些本身违法的卡特尔案件，如固定价格案、划分市场案、串通投标案。因此，在跨国并购领域，并购经营者违背了合并救济承诺，不适用刑事责任。

美国司法部反托拉斯局认定有人违反了和解裁决，将提起执法诉讼。藐视法庭诉讼有民事和刑事两种，刑事上的藐视法庭诉讼不是救济性的，它的目的是惩罚违法者，维护法院的权威，使其他人将来不敢从事类似行为。[3]

---

〔1〕 丁国峰：《反垄断法律责任制度研究》，法律出版社 2012 年版，第 118~121 页。

〔2〕 张瑞萍编著：《反垄断诉权保障机制研究》，立信会计出版社 2013 年版，第 188 页。

〔3〕 美国律师协会反垄断分会编，李之彦、王涛译：《美国并购审查程序暨实务指南》，北京大学出版社 2011 年版，第 498~499 页。

四、小结

如果并购经营者不履行合并救济承诺，可能需要承担两种类型的法律责任，包括民事责任、行政责任。规定法律责任的目的，在于威慑并购经营者积极履行合并救济承诺。行政责任是并购经营者不履行合并救济承诺的最主要责任，各个国家也有明文规定，主要包括责令停止实施并购、限期改正、恢复原状以及行政罚款。民事责任包括停止侵害以及赔偿损失。民事责任里的停止侵害与行政责任里的责令停止并购可能会产生责任竞合的效果，只需履行其中之一即可。

第四章　与跨国并购反垄断审查中合并救济制度其他相关问题的进一步探讨

第一节　反垄断司法审查

一、反垄断司法审查的含义

反垄断司法审查，即在反垄断领域的司法审查，也可称为司法审查权在反垄断法领域的运用。[1] 反垄断司法审查作为一项救济制度，是指有管辖权的法院应行政相对人或有利害关系的第三人的请求，对反垄断执法机构作出的决定或命令进行审查。[2]

有学者主张反垄断司法审查应该分为事先审查模式和事后审查模式。事先审查模式，也称为司法主导型的反垄断执法模式，以美国为代表。美国的反垄断执法体系由美国司法部、联邦贸易委员会和法院组成。符合申报条件的并购方向适当的反垄断执法

---

〔1〕 张冬：《我国反垄断司法审查机制研究》，北京交通大学 2010 年硕士学位论文。

〔2〕 王小梅：《反垄断司法审查的管辖》，社会科学文献出版社 2013 年版，第 24 页。

机构提交并购申报，如果司法部或联邦贸易委员会认为该项并购对相关市场的竞争不会造成损害，也不存在损害威胁，那么将直接作出准许并购的决定。如果负责反托拉斯事务的助理司法部长认定拟进行的交易具有反竞争性，执法人员就会被授权向有管辖权的联邦地区法院提起诉讼，要求临时或者永久禁止实施该交易，联邦贸易委员会的处理程序也是如此。如果认为跨国并购可能损害相关市场有效竞争，且并购申报人与反垄断执法机构没有达成和解协议，美国联邦贸易委员会和司法部反托拉斯局都只能向法院提起诉讼，由法院来作出最终决定。事后审查模式，也称为行政主导型反垄断执法模式中的司法审查，德国、欧盟等都属于这种模式。欧盟委员会竞争总司在反垄断执法中居于核心地位，承担着反垄断案件的调查、磋商、谈判和作出决定的职责。当并购申报方对欧盟委员会的最终决定不满时，可以向欧盟初审法院或欧盟法院提起诉讼，启动反垄断司法审查程序。我认为，美国反垄断执法活动中始终活跃的法院的司法活动，与我国反垄断司法审查存在根本不同，也不符合严格意义上的司法审查的定义。因此，本书的反垄断司法审查指的是事后审查模式中的司法审查。当然，美国联邦上诉法院对反垄断执法机构作出的决定的上诉审查，仍然属于本书的司法审查的范畴。

二、反垄断司法审查的价值

在法学研究中，法律制度的价值在三种途径上使用：第一种使用途径是用法律的价值来指称该制度在发挥其社会作用的过程中能够保护和增加哪些价值，即法律制度的目的价值；第二种使用途径是用法律制度的价值来指称该制度所包含的价值评价标准；第三种使用途径是使用法律制度的价值来指称该制度自身所具有的价值因素，即法律制度的形式价值。这里要说的法律制度的价值是指法律制度的目的价值。[1]

（一）公正性

反垄断司法审查是通过诉讼的方式来实现的，因此，作为诉讼最核心价值的公正性也必然是反垄断司法审查的应有之义。

首先，公正性包括实质公正与程序公正。实质公正是指追求自然法意义下的绝对公正、结果公正；而程序公正则是强调司法当事人的程序参与权。在反垄断司法审查领域，更加重视程序正义。在反垄断执法中，跨国并购方和反垄断执法机构是管理者和被管理者的地位，反垄断执法和解制度只是其中的一个很小部分。但是在反垄断司法审查中，并购当事人和反垄断执法机构是作为平等的控辩双方出现的，双方都享有平等的发表意见、提供证据以及抗辩的程序权利。

其次，反垄断法的实施是一个复杂的工程，涉及并购双方、其他竞争者、消费者和社会公共利益等，为了平衡好各方利益，反垄断法的很多规定都比较模糊，赋予反垄断执法机构很大的自由裁量权。因此，反垄断司法审查就是要依赖司法环节中法院的中立角色对反垄断执法机构的决定进行再次权衡，以实现反垄断法的目标和宗旨。

最后，反垄断执法机构一方面作为政府机构，是公共利益的代表，具有公利性的特征，但是反垄断执法机构也必然受到自利

〔1〕 殷继国：《反垄断执法和解制度：国家干预契约化之滥觞》，中国法制出版社 2013 年版，第 92~93 页。

性的利益驱动。反垄断司法审查就是这样一种制度，对反垄断执法机构的公利性和自利性进行审查，保证跨国并购反垄断审查的结果符合公正的目标。〔1〕

（二）效率

在反垄断法最初的形成时期，立法者追求的并不是单一的目标，随着芝加哥学派经济分析模式的确立，当今的反垄断执法和司法活动鲜明地反映了在众多价值目标中效率目标的主导地位。〔2〕

没有效率的正义不算真正的正义。反垄断行政执法就有高效率性、适时性以及强制性的优势，使得反垄断执法的行政主导模式非常盛行。但是这些优点也容易造成反垄断执法机构的行政权力膨胀，因此迫切需要司法审查对反垄断执法机构的监督。

司法救济具有权威性和终局性的特征，但是司法救济永远是被动和滞后的，不能对垄断进行主动和预防性的干预。如果过分依赖司法在反垄断中发挥的作用，则反垄断行政执法力量得不到充分发挥，也会给司法造成负担过重的局面。因此，应该将反垄断行政执法权与反垄断司法审查两者有机结合起来，将反垄断司法审查置于反垄断行政执法程序之后，这样才能真正体现反垄断法的效率价值。〔3〕

---

〔1〕 张冬：《我国反垄断司法审查机制研究》，北京交通大学 2010 年硕士学位论文。

〔2〕 殷继国：《反垄断执法和解制度：国家干预契约化之滥觞》，中国法制出版社 2013 年版，第 94 页。

〔3〕 张冬：《我国反垄断司法审查机制研究》，北京交通大学 2010 年硕士学位论文。

三、反垄断司法审查的范围

反垄断司法审查的范围包括反垄断司法审查的广度和深度。反垄断司法审查的广度，即我国《行政诉讼法》中的受案范围，由于本书仅讨论针对反垄断执法机构对跨国并购的审查决定的司法审查，因此，对其他受案范围不予讨论；反垄断司法审查的深度包括两个问题：一个问题是，反垄断审查是只审查法律问题，还是既审查事实问题，又审查法律问题？即法院能否用自己的专门知识代替反垄断执法机构的专门知识；第二个问题是，反垄断司法审查只进行合法性审查，还是既包括合法性审查，也包括合理性审查，即法院是否有权对不确定的法律概念和反垄断执法机构的行政裁量权进行审查。

（一）对于事实和法律问题的反垄断司法审查权

审查事实问题还是法律问题是司法和争端解决中的一个重要问题。一般来说，事实问题主要由行政机构来确定，而法院主要是解决法律问题，这样能够避免行政机关和法院重复劳动，因此，最初的司法审查只审查法律问题，而不审查事实问题，例如，美国上诉法院对于联邦贸易委员会作出的有确凿证据的行政裁决，只进行法律审查。随着司法审查实践的进行，司法审查逐步发展到部分审查事实问题，然后是原则上审查全部事实问题和法律问题，即法院置行政机关的事实裁定于不顾，独立地对事实问题作出判断。

在反垄断法领域，反垄断执法机构拥有非常大的行政裁量权，但反垄断程序法又可能不是完备的，事实问题在反垄断执法阶段不能得到保障，可能出现滥用自由裁量权的情况，如果仅仅因为反垄断执法机构人员是处理反垄断事实问题的专家，就将其所作的有关事实的认定作为最终的结论，司法审查就失去了意义，因为反垄断司法审查提出的理由基本都是觉得反垄断执法机构的事实认定不正确。

（二）合法性与合理性审查

1. 合法性审查

合法性原则是贯穿行政法的基本原则，反垄断司法审查本质上属于行政诉讼法的内容，当然要受合法性原则的约束。合法性审查主要有以下几项内容：

第一，反垄断执法机构是否具有法定的执法权限。法定的执法权限是反垄断执法机构执法的前提和基础，否则就是非法行使反垄断职权。

第二，反垄断执法机构行使的执法权是否超出法定的范围。反垄断执法机构只能在授权范围内执法。例如，我国反垄断执法机构有三个，但是每个执法机构的执法权限都是有具体规定的。〔1〕虽然很多学者认为我国反垄断执法权限错乱，存在很多重叠之处，但这是多头反垄断执法机构并存所不可避免的，美国的联邦贸易委员会和司法部反托拉斯局也存在很多权限重合的地方，需要双方多沟通，协调解决。这里所指的执法权限超出法定的范围，更多的是指超出了反垄断的范围，例如，罚款数额过大等。

第三，反垄断执法机构的违法行为无效，对行政相对人不具

---

〔1〕 黄诗斯：《我国现行反垄断执法机构职权错乱之反思——由“电信、联通垄断案”展开》，载《法制与社会》2013 年第 20 期。

有约束力。反垄断执法机构必须对违法的行政行为承担相应的法律责任。合法性原则包括实体法和程序法的规定，反垄断执法机构的一切行为，都必须接受司法监督和制约，并提供相应的救济方式，否则，任何责任都会落空。[1]

2. 合理性审查

学者们普遍认为，合理性原则是反垄断法的帝王原则，合理性原则真正体现了反垄断法的基本精神和最终目的。

大陆法系国家反垄断司法审查只针对反垄断执法机构决定的合法性，而不审查其合理性。这也是我国反垄断法中规定的反垄断司法审查的现状，但是这种做法存在一定的争议。由于反垄断执法的专业性和技术性很强，跨国并购更是如此，一个外表看起来不合法的垄断行为可能存在其合理性，单纯依靠合法性原则根本达不到反垄断法的目的，需要借助合理性原则进行审查，因此，当今的潮流是倾向于合理性原则在反垄断司法审查中的运用。[2]

相对于合法性原则，合理性原则更加具有不确定性。什么是合理，什么是不合理并没有统一适用的标准。合理性原则，也可称之为比例性原则，其第一层含义是指反垄断执法机构的执法手段必须与维持和恢复竞争这个目标相一致，也就是手段与目标是适当的；第二层含义是指在实现目的存在多种可以选择的手段时，应该尽可能采用损害最小的手段；第三层含义是反垄断执法机构实施某项行为造成的损失不能超过所保护的法益。

---

〔1〕 张冬：《我国反垄断司法审查机制研究》，北京交通大学 2010 年硕士学位论文。

〔2〕 张冬：《我国反垄断司法审查机制研究》，北京交通大学 2010 年硕士学位论文。

四、反垄断司法审查程序

根据是否有行政复议前置程序的限制，反垄断司法审查可以分为两种：一种是直接起诉型，如欧盟、英国、印度尼西亚等，另一种是行政复议前置型，我国是典型代表。我国 2008 年《反垄断法》第 53 条[1]规定，对于反垄断执法机构作出的并购反垄断审查决定不服的，可以先依法申请行政复议，对行政复议决定不服的，可以向有管辖权的人民法院提起诉讼。日本以及我国的台湾地区也是采用行政复议前置的程序。[2]

五、反垄断司法审查的结果

第一，判决驳回起诉。经过案件审理，如果法院认为反垄断执法机构的行为或决定，在事实认定上不存在错误，适用法律正确，程序合法，就会判决驳回起诉。

第二，撤销反垄断执法机构的决定。法院经过审理后认为反垄断执法机构的决定存在程序性缺陷，影响了决定的公正性，或者作出决定的理由不适当，缺乏证据、适用的法律不正确，无权处理或者滥用职权等，法院会作出撤销反垄断行政机构的决定的判决，例如，欧盟委员会只能在其反对声明的基础上做出审查决定，一旦超出了该反对声明的范围，将违反法定程序，当事人可以诉请法院撤销该并购审查决定。

第三，部分变更或修改反垄断行政机构的决定。如果人民法

〔1〕 2022 年《反垄断法》第 65 条。

〔2〕 蒋岩波、喻玲：《反垄断司法制度》，商务印书馆 2012 年版，第 86 页。

院认为反垄断执法机构作出的决定部分缺乏证据，也可以判决变更或者修改部分反垄断执法机构决定。[1]

法院对于司法审查案件所做的判决不是终局性的，当事人对判决不服的，可以向更高级别的法院上诉。

六、小结

首先，反垄断司法审查是监督反垄断执法权的必备程序。反垄断执法机构获得了极大的自由裁量权，这有助于其有效率地解决反垄断问题，对反垄断执法机构的执法权必须存在有效的监督和约束机制。从各国实践来看，反垄断执法机构一般都具有很强的独立性，反垄断执法免受其他行政机关的干涉，法院的司法审查是监督和约束反垄断执法机构合理执法的主要机制。

其次，反垄断司法审查是维护反垄断执法相对人利益的需要。反垄断执法是由反垄断执法机构主宰的，其与反垄断执法相对人处于管理与被管理的关系，反垄断执法机构与其执法相对人相比，在财力、物力、人力方面都是处于优势地位的，反垄断执法相对人处于弱势地位，反垄断司法审查通过法院个案审理反垄断执法机构作出的决定，能够为行政执法相对人提供有效的权利救济。

最后，反垄断司法审查是司法审查制度的组成部分，但是也必须充分考虑和适应反垄断执法的特点。反垄断执法具有很强的经济分析的特点，这决定了反垄断执法机构的人员可能具有法院

[1] 张瑞萍编著：《反垄断诉权保障机制研究》，立信会计出版社 2013 年版，第 209~210 页。

所没有的专业性，反垄断司法审查要求法官也具有扎实的经济学基础。从实践中来看，法院在反垄断司法审查的过程中都比较尊重反垄断执法机构的决定权，甚至都有了“橡皮图章”的绰号，这是不可取的，但是法院应该把握好审查的尺度，以免出现司法权过度干预行政权的问题。在反垄断司法领域，最容易出现司法代替行政执法的是超高定价案件以及经营者集中案件。

第二节　跨国并购反垄断审查国际协调与合作

一、跨国并购反垄断审查国际协调与合作的必要性

（一）管辖权冲突

根据传统的国际法属地管辖原则，一个国家的法律的效力仅限于其领土范围内，但是，在反垄断法领域，美欧等国家纷纷突破传统的管辖原则，实行“效果原则”。跨国并购不仅对其母国或东道国国内的市场的有效竞争产生影响，也可能影响到其他国家国内市场的有效竞争，由此，一项并购往往同时需要向多个国家或地区的反垄断执法机构申报并接受审查。这不仅可能出现各个国家反垄断审查结果的不同，而且大大增加了并购成本。例如，在埃克森和莫比尔并购案中，不仅需要同时向美国、欧盟、加拿大等 12 个国家的反垄断执法机构进行预先强制性申报，还向澳大利亚和新西兰的反垄断执法机构进行了非强制性申报〔1〕。

〔1〕 王晓晔：《巨型跨国合并对反垄断法的挑战》，载《法学研究》1999 年第 5 期。

（二）各国并购反垄断审查的法律存在差异

各个国家不仅立法的进程不同，成熟度不一样，而且对于反垄断审查的很多具体标准并不相同。例如，前面在讲述 HHI 指数时，美国和欧盟对于低度、中度和高度集中市场区分的 HHI 指数是不相同的，并购后的 HHI 指数与并购前 HHI 指数的差异额的大小对评估反竞争效果的影响也是不一样的。除此之外，在审查过程中，需要提交的文件、等待的期限都是不同的。这些都将导致针对同一个并购案件，各个国家的审查结果不同，甚至是完全冲突的两个决定。

（三）合并救济制度的国际冲突。

一些案件中，两个反垄断执法机构分别对同一项并购交易附加了不同的救济措施。比如，在 Glaxo/Wellcome 案中，欧盟的救济措施是将并购经营者的偏头痛治疗方法许可第三人的行为性救济措施，而美国反垄断执法机构则要求剥离 Welcome 关于偏头痛治疗的全部研发业务。在 Intel/McAfe 一案中，欧盟委员会要求英特尔披露信息和提供技术援助，使竞争对手的安全软件供应商可以利用新的英特尔微处理器的特点。[1] 在 General Electric/Honeywell 一案中，美国司法部的救济措施是，G 将出售并购获得的 H 家的军用直升机发动机业务，同时允许第三方维修 H 家的小型商用喷气发动机，但是欧盟委员会确认为该项并购无法通过救济措施来消除其对竞争的反效果，因此决定禁止此项并购。这些冲突，不仅会打击并购经营者的积极性，损害规模经济的发

〔1〕 Deborah L. Feinstein. Conduct Merger Remedies：Tried but not tested. Editor's Note. Fall，2011：6.

展，甚至会演变为国家之间的冲突与矛盾。

二、跨国并购反垄断审查国际协调与合作的原则

（一）礼让原则

礼让原则包括积极礼让原则和消极礼让原则。消极礼让原则是指各国反垄断执法机构在决定是否启动跨国并购反垄断审查程序、审查的范围、合并救济措施的类型时应考虑其他国家的重要利益，如果有充分证据证明别的国家的合并救济措施能够有效地解决本国反垄断执法机构的竞争关注，可以不再额外设置合并救济措施。积极礼让原则要求不同国家的反垄断执法机构进行积极的合作和相互协助，是各国反垄断执法机构合作的基石。[1]

（二）透明度原则

各个国家在反垄断审查中，应该积极与其他国家进行证据采集和交换、信息共享等。例如，根据美欧《反垄断执法的合作协定》的规定，如果欧盟委员会要在其官方公报上公开一个并购案件或对并购案件进行第二阶段的审查，应该通告美国反垄断执法机构。及时的信息沟通能够保障几个反垄断执法机构保持基本同步的审查速度，这样也有利于双方在程序中的合作与协调。当然，透明度原则，不能损害并购经营者提交的与商业秘密等相关的信息。

（三）程序中的合作与协调原则

各个反垄断执法机构应在法律允许的范围内，在不损害本国

---

〔1〕 刘宁元主编：《中外反垄断法实施体制研究》，北京大学出版社 2005 年版，第 289 页。

利益的前提下，就并购反垄断审查中的重要事项，双方在各自的调查过程中寻求相互协助，这种协助可以包括双方共享已为公众所知的情报，在调查的过程中讨论他们各自对问题的分析，包括如何界定相关市场、对竞争效果的评估，双方也可以讨论对必要的合并救济措施的观点。[1]

三、跨国并购反垄断审查中合并救济制度国际协调与合作的成功范例

在合并救济制度的国际协调与合作方面，美国与欧盟进展的非常的成功，美国《并购调查中进行合作的最佳做法》阐述了美国反托拉斯执法机构与欧盟委员会在审查同一项并购交易时将在不违背各自的法律和执法责任的前提下尽量适用的最佳做法，便于在救济措施上达成一致，提高各自的反垄断审查效率，减少并购当事方和第三方的负担，以及提高并购审查程序的总体透明度，尽可能地得出互相一致或者至少没有冲突的决定。在 Oracle 收购 Sun Microsystems 一案中，美国与欧盟出现了严重的执法分歧，为此美国司法部聘用了一位来自欧洲的顾问 Rachel Brandenburger，她的主要工作就是协助美国司法部增进与欧盟委员会的反垄断执法协调。在 Cisco 并购 Tandberg 一案中，欧盟委员会与美国司法部反托拉斯局就该案在审查过程中进行了大量的事先协商与沟通，最终，两大执法机构以附加近似的合并救济措施的形式批准了该

〔1〕 刘宁元主编：《中外反垄断法实施体制研究》，北京大学出版社 2005 年版，第 293 页。

起交易。[1]“在 Feferal Mogul/T&N 一案中，该交易同时在法国、美国、德国、意大利以及英国申报，接受反垄断审查，这些国家一致认为应该剥离 T&N 的薄壁轴承业务。除此之外，德国还担心该项交易对德国无油润滑轴承市场产生反竞争效果。就该交易而言，美国联邦贸易委员会对无油润滑轴承市场并没有竞争关注，但是仍然与德国联邦卡特尔局进行了合作，联邦贸易委员会的同意令中要求 F 剥离特定资产，从而使得德国方面不再需要对无油轴承市场的竞争关注设置救济措施。”[2]

四、小结

由于各国反垄断执法机构都根据效果原则主张本国反垄断法的域外效力，这不可避免地产生了管辖权冲突。管辖权冲突不仅大大增加了并购人的申报以及等待成本，而且由于各个国家的具体审查制度不同，可能导致跨国并购反垄断审查在不同的国家出现不同，甚至绝然相反的审查决定，这不仅会损害并购企业的并购积极性，而且可能升级为国家之间的冲突与矛盾，因此，加强跨国并购反垄断审查的国际协调与合作具有非常重要的意义。当前，美欧的很多反垄断审查标准和程序正在趋同，发展中国家也逐步建立了本国的反垄断法体系，这为跨国并购反垄断审查国际合作与协调奠定了基础。在开展国际协调与合作时，要贯彻礼让

---

〔1〕 韩伟：《反垄断规则明晰的重要一步——商务部“结构救济”新规略评》，载 http://www.iolaw.cssn.cn/zxzp/201007/t20100723_4607256.shtml，最后访问日期：2015 年 3 月 3 日。

〔2〕 韩伟：《经营者集中附条件法律问题研究》，法律出版社 2013 年版，第 177 页。

原则、透明度原则以及程序中协调与合作原则。在反垄断国际协调与合作方面，欧美起到了表率作用，不仅签订了《反垄断执法的合作协定》，而且在执法实践中也出现了一系列协调合并救济措施的成功案例。

第五章　中国跨国并购反垄断审查中合并救济制度的立法、执法概况及完善建议

第一节　中国跨国并购反垄断审查中合并救济制度之现状考察

一、中国合并救济制度立法之现状

（一）2008 年《反垄断法》第 29 条、第 30 条和第 53 条

《中华人民共和国反垄断法》于 2007 年 8 月 30 日经全国人大常委会通过，并于 2008 年 8 月 1 日起开始实施。这是 1994 年中国成立的反垄断法起草小组历经 13 年的艰苦努力的成果，是我国现阶段开展反垄断执法的根本依据。《反垄断法》第 29 条〔1〕和第 30 条〔2〕

〔1〕 第二十九条 对不予禁止的经营者集中，国务院反垄断执法机构可以决定附加减少集中对竞争产生不利影响的限制性条件。2022 年《反垄断法》第 35 条。

〔2〕 第三十条国务院反垄断执法机构应当将禁止经营者集中的决定或者对经营者集中附加限制性条件的决定，及时向社会公布。2022 年《反垄断法》第 36 条。

是对合并救济制度的规定；第 53 条[1]规定了我国的反垄断司法审查制度。这是我国合并救济制度的基础法律依据，虽然只是原则性规定。

（二）《经营者集中审查办法》

为了增强法律的可操作性，商务部于 2009 年 7 月 15 日通过了《经营者集中审查办法》，自 2010 年 1 月 1 日起开始实施。该法共 17 条，专门针对合并救济措施的规定多达 6 条（第 11 条至 15 条），原则性地规定了合并救济措施的类型、启动、修改、书面形式要求等方面的内容，这也体现了合并救济制度在并购反垄断审查中的重要性及其实施的困难度，以至于商务部认为必须足够重视。

（三）《关于经营者集中附加限制性条件的规定（试行）》

为了规范经营者集中附加资产或业务剥离限制性条件决定的实施，根据《经营者集中审查办法》，商务部于 2010 年 7 月 5 日颁布并开始实施《剥离暂行规定》，该暂行规定共 13 条，前 12 条系统规定了资产剥离的参与人，程序，各当事人的权利和义务等内容，第 13 条规定了行为性救济措施类推适用资产剥离的相关规定。很显然，这部暂行规定完全是为资产剥离量身定做的，不能满足实践中商务部频繁使用行为性救济措施的需要。

于是，2014 年 9 月 30 日商务部通过了《附加限制性条件的规定（试行）》，并于 2015 年 1 月 5 日开始实施。《剥离暂行规定》同时废止。该试行规定是我国截至 2014 年关于合并救济措

[1] 第五十三条 对反垄断执法机构依据本法第二十八条，二十九条作出的决定不服的，可以先依法申请行政复议；对行政复议决定不服的，可以依法提起行政诉讼。2022 年《反垄断法》第 65 条。

施是最新、最全的规定。

1. 限制性条件的类别及确定方式

该法案中，仍然是规定了结构性、行为性以及综合性三种限制性条件。商务部提出竞争关注前，申报方可以提出附加限制性条件建议。这也就是说在初步审查结束前甚至申报时，就能提出附加限制性条件建议。在进一步审查阶段，当商务部提出竞争关注时，申报方可以据此提出限制性条件建议。申报人应在进一步审查阶段截止日前20日内提交最终方案。

收到申报方提交的限制性条件建议后，商务部应与申报方进行协商，对附条件建议的有效性、可行性和及时性进行评估；评估的方式包括发放调查问卷、组织专家认证，召开听证会等。

商务部应当将附加限制性条件的审查决定向社会公布，并且在审查决定中明确是否要求申报方委托受托人及适用的程序。

2. 限制性条件的实施

（1）剥离。剥离是结构性条件的主要表现形式，是减少经营者集中排除、限制竞争影响的最有效方式。剥离主要有两个目的：一是削弱参与集中各方因集中而获得或增强的市场控制能力；二是增强剥离业务购买方对集中方施加竞争压力的能力。《规定》第4条规定了剥离资产的范围，实践中，剥离业务一般是独立运营的业务，包括剥离义务人的子公司、分支机构或者业务部门。[1]

---

〔1〕 商务部反垄断局负责人关于《关于经营者集中附加限制性条件的规定（试行）》的解读，载 http://fldj. mofcom. gov. cn/article/j/201412/20141200835988. shtml，最后访问日期：2015年3月6日。

第一，自行剥离和受托剥离。剥离包括自行剥离和受托剥离两个阶段，在自行剥离阶段，剥离义务人自己去找到合适的购买方，并经商务部审查批准，然后签订剥离资产出售协议，完成自行剥离。如果剥离义务人没能在自行剥离阶段完成资产剥离，受托剥离人可以在受托剥离阶段以无底价拍卖的方式完成资产剥离。

自行剥离的法定期限为 6 个月，经剥离义务人申请，商务部反垄断局可以决定延长 3 个月。受托剥离的法定期限也是六个月。这两个期限，反垄断执法机构可以根据案件的具体情况，在审查决定中作出修改。

第二，购买方先行——交割前剥离。与之前的征求意见稿中，在 5 种情形下适用“购买方先行”的规定不同，试行规定中，只规定了在下列三种情况下实行购买方先行：首先，剥离资产的潜在购买方不多；其次，特定买方的身份对剥离资产的成活性和竞争力具有支配性影响；最后，第三方对剥离资产主张权利。去除了征求意见稿的第五个事项：商务部认定的其他情形。这表明，我国商务部反垄断局认识到了“买家先行”制度的优越性，在新的规定中也加入了这一制度，但是，商务部反垄断局在控制反垄断行政自由裁量权，严格限定“购买方先行”的适用条件，防止加重并购申报人的负担，这会导致丧失并购交易的完美时机。

第三，皇冠剥离。申报方提出的附条件建议首选方案存在不能实施的风险的，商务部反垄断局会要求并购申报人在明确剥离资产的同时，还要确定替代性剥离资产。如果剥离义务人无法在规定的期限内将合并救济承诺中首选的剥离资产出售给合适的购买方，那么商务部将会要求剥离替代性剥离资产，一般来说，替代性剥离资产比首选的剥离资产更加优质，这样才能吸引更多的购买方，完成资产剥离。

第四，过渡期中，剥离义务人的义务。①将剥离资产与剥离义务人的其他资产区分开来；②对剥离资产采用一如既往的商业模式进行投资和管理；③必要的时候，指定单独持有受托人，管理剥离资产；④积极与潜在购买方沟通，保持剥离资产的开放和透明，便于购买方评估；⑤积极为合适购买方签订剥离资产购买协议提供便利；⑥向购买方移交全套剥离资产，包括配套的知识产权、关键员工等；⑦此外，剥离义务人还必须履行报告义务，定期向商务部反垄断局报告资产剥离执行情况。

（2）其他种类限制条件。其他种类限制性条件的实施，可以比照使用有关剥离的相关规定。

3. 限制性条件的监督

（1）监督的主体。商务部是限制性条件实施的直接和最高监督主体，但是由于商务部是一个行政机构，限于行政经费以及工作人员的专业素质，不可能亲自对所有的限制性条件的实施进行监督。监督受托人就是商务部的眼和耳，负责随时监督合并救济措施承诺方认真履行其承诺。此外，如果合并救济措施承诺人没能认真、全面地履行其承诺，相关行业协会、竞争者、消费者等单位或个人均可以向商务部举报。

（2）监督受托人确定。限制性条件为剥离的，审查决定作出之日起 15 日内，剥离义务人应向商务部递交监督受托人的待选名单，应不少于三家。在特殊情况下，经商务部同意，上述人选可少于三家。商务部审查确定后，剥离义务人与受托人签订委托合同，并支付报酬。

（3）监督受托人资格要求。监督受托人应当符合下列要求：①独立性；②具有履行受托业务所需的必要专业知识和其他资源；③能够向商务部反垄断局提交可行性的工作方案；④商务部提出的其他要求。法条中这里有一个资格要求是“对买方人选确定的监督”，笔者认为这应该理解为监督受托人的职责，而不是资格要求。

4. 限制性条件的变更

附加限制性条件的审查决定做出后，商务部可以主动变更或者解除限制性条件，并购申报者也可以向商务部提出申请，申请变更或者解除限制性条件。[1] 经营者申请变更或者解除限制性条件，商务部应及时给予书面答复。商务部做出变更或解除限制性条件决定的，应当及时向社会公布。

5. 法律责任

并购经营者没有履行附加限制性条件承诺的，商务部首先是责令其限期改正，如果并购经营者拒绝继续履行承诺或者继续部分履行，商务部可以责令停止并购交易。对于已经完成的并购，商务部可以责令并购企业限期处分股份或资产，转让营业。这三种方式下，商务部都可以决定对并购经营者并处罚款。

受托人提供虚假信息或隐瞒信息，未能勤勉、尽职地履行本规定的，商务部可以责令改正。

剥离业务的购买方违反本规定的，商务部应责令其改正。

---

〔1〕 商务部评估变更或解除限制性条件请求时，应考虑如下因素：（一）集中交易方是否发生重大变化；（二）相关市场竞争状况是否发生了实质性变化；（三）实施限制性条件是否无必要或不可能；（四）其他因素。

二、中国跨国并购合并救济制度执法现状

（一）执法概况

自从2008年《反垄断法》实施以来，截至2014年12月31日，中国商务部共受理了990个并购申报案件，其中，无条件批准的并购案件有964件，禁止并购2件，其余的24件为附加限制性条件通过[1]。按照商务部公告的时间，这24件分别是英博集团收购AB公司（2008/11/19，以下简称英博案）[2]，日本三菱丽阳公司收购璐彩特国际公司（2009/04/24，以下简称三菱案）[3]，美国通用汽车有限公司收购美国德尔福（2009/09/28，以下简称通用案）[4]，美国辉瑞公司并购美国惠氏公司（2009/09/29，以下简称辉瑞案）[5]，日本松下株式会社并购日本三洋电机株式会社（2009/10/30，以下简称松下案）[6]，诺华股份公司收购爱尔康

〔1〕 这些数据是根据商务部公布的数据计算而来，截至2012年第三季度，商务部共受理并购申报474件，其中无条件批准的并购为458件，再加上2012年第四季度，以及2013、2014年各个季度的无条件批准的案件共506件，所以无条件批准的案件数为964件。加上公告的26件无条件批准或者禁止并购的案件，商务部截至2014年12月31日共受理990件案件

〔2〕《中华人民共和国商务部公告［2008］第95号》，载http://fldj.mofcom.gov.cn/article/ztxx/200811/20081105899216.shtml，最后访问日期：2015年3月2日。

〔3〕《中华人民共和国商务部公告［2009］第28号》，载http://fldj.mofcom.gov.cn/article/ztxx/200904/20090406198805.shtml，最后访问日期：2015年2月2日。

〔4〕《中华人民共和国商务部公告［2009］第76号》，载http://fldj.mofcom.gov.cn/article/ztxx/200909/20090906540211.shtml，最后访问日期：2015年2月2日。

〔5〕《中华人民共和国商务部公告［2009］第77号》，载http://fldj.mofcom.gov.cn/article/ztxx/200909/20090906541443.shtml，最后访问日期：2015年2月2日。

〔6〕《中华人民共和国商务部［2009］第82号公告》，载http://fldj.mofcom.gov.cn/article/ztxx/200910/20091006593175.shtml，最后访问日期：2015年2月5日。

公司（2010/08/13，以下简称诺华案）〔1〕，乌拉尔开放型股份公司吸收合并谢尔维尼特开放型股份公司（2011/06/02，以下简称乌拉尔案）〔2〕，佩内洛普有限责任公司收购萨维奥纺织机械股份有限公司（2011/10/31，以下简称佩内洛普案）〔3〕，通用电气（中国）有限公司与中国神华煤制油化工有限公司（2011/11/10，以下简称神华案）〔4〕，希捷科技公司收购三星电子有限公司硬盘业务（2011/12/12，以下简称希捷案）〔5〕，汉高香港控股有限公司与天德化工控股有限公司（2012/01/09，以下简称汉高案）〔6〕，西部数据收购日立存储（2012/03/02，以下简称西部数据案）〔7〕，谷歌公司收购摩托罗拉移动公司（2012/05/19，以下简称谷歌案）〔8〕，美国联合技术公司收购古德里奇公司（2012/06/15，以下简称联合技术案）〔9〕，沃尔玛公司收购纽海控股有限公司

---

〔1〕《中华人民共和国商务部公告［2010］第53号》，载 http://fldj.mofcom.gov.cn/article/ztxx/201008/20100807080639.shtml，最后访问日期：2015年3月5日。

〔2〕《中华人民共和国商务部［2011］第33号公告》，载 http://fldj.mofcom.gov.cn/article/ztxx/201106/20110607583288.shtml，最后访问日期：2015年3月5日。

〔3〕《中华人民共和国商务部公告［2011］第73号》，载 http://fldj.mofcom.gov.cn/article/ztxx/201111/20111107855585.shtml，最后访问日期：2015年3月5日。

〔4〕《中华人民共和国商务部公告2011年第74号》，载 http://fldj.mofcom.gov.cn/article/ztxx/201111/20111107855595.shtml，最后访问日期：2015年3月5日。

〔5〕《中华人民共和国商务部公告2011年第90号》，载 http://fldj.mofcom.gov.cn/article/ztxx/201112/20111207874274.shtml，最后访问日期：2015年3月5日。

〔6〕《中华人民共和国商务部公告2012年第6号》，载 http://fldj.mofcom.gov.cn/article/ztxx/201202/20120207960466.shtml，最后访问日期：2015年3月5日。

〔7〕《中华人民共和国商务部公告2012年第9号》，载 http://fldj.mofcom.gov.cn/article/ztxx/201203/20120307993758.shtml，最后访问日期：2015年3月5日。

〔8〕《中华人民共和国商务部公告2012年第25号》，载 http://fldj.mofcom.gov.cn/article/ztxx/201205/20120508134324.shtml，最后访问日期：2015年3月5日。

〔9〕《中华人民共和国商务部公告2012年第35号》，载 http://fldj.mofcom.gov.cn/article/ztxx/201206/20120608181083.shtml，最后访问日期：2015年3月5日。

33.6%股权（2012/08/13，以下简称沃尔玛案）[1]，安谋公司、捷德公司和金雅拓公司组建合营企业（2012/12/06，以下简称安谋案）[2]，嘉能可国际公司收购斯特拉塔公司（2013/04/16，以下简称嘉能可案）[3]，日本丸红株式会社收购美国高鸿控股有限责任公司（2013/04/22，以下简称丸红案）[4]，美国百特国际有限公司收购瑞典金宝公司（2013/08/08，以下简称百特案）[5]，联发科技股份有限公司吸收并购开曼晨星半导体公司（2013/08/26，以下简称联发科技案）[6]，赛默飞世尔科技公司收购立菲技术公司（2014/01/14，以下简称赛默飞世尔案）[7]，美国微软公司收购芬兰诺基亚公司（2014/04/08，以下简称诺基亚案）[8]，默克公司收购安智电子材料公司（2014/04/30，以下简称默克案）[9]，

〔1〕《中华人民共和国商务部公告2012年第49号》，载http://fldj.mofcom.gov.cn/article/ztxx/201303/20130300058730.shtml，最后访问日期：2015年3月5日。

〔2〕《中华人民共和国商务部公告2012年第87号》，载http://fldj.mofcom.gov.cn/article/ztxx/201212/20121208469841.shtml，最后访问日期：2015年3月5日。

〔3〕《中华人民共和国商务部公告2013年第20号》，载http://fldj.mofcom.gov.cn/article/ztxx/201304/20130400091222.shtml，最后访问日期：2015年3月5日。

〔4〕《中华人民共和国商务部公告2013年第22号》，载http://fldj.mofcom.gov.cn/article/ztxx/201304/20130400100376.shtml，最后访问日期：2015年3月5日。

〔5〕《中华人民共和国商务部公告2013年第58号》，载http://fldj.mofcom.gov.cn/article/ztxx/201308/20130800244176.shtml，最后访问日期：2015年3月5日。

〔6〕《中华人民共和国商务部公告2013年第61号》，载http://fldj.mofcom.gov.cn/article/ztxx/201308/20130800269821.shtml，最后访问日期：2015年3月5日。

〔7〕《中华人民共和国商务部公告2014年第3号》，载http://fldj.mofcom.gov.cn/article/ztxx/201401/20140100461603.shtml，最后访问日期：2015年3月5日。

〔8〕《中华人民共和国商务部公告2014年第24号》，载http://fldj.mofcom.gov.cn/article/ztxx/201404/20140400542415.shtml，最后访问日期：2015年3月5日。

〔9〕《中华人民共和国商务部公告2014年第30号》，载http://fldj.mofcom.gov.cn/article/ztxx/201404/20140400569060.shtml，最后访问日期：2015年3月5日。

湖南科力远新能源股份有限公司、丰田汽车（中国）投资有限公司、Primearth EV Energ 株式会社（日本）、常熟新中源创业投资有限公司和丰田通商株式会社拟设立合营企业（2014/07/02，以下简称科力远案）[1]。因此，笔者的研究将根据商务部已公布的附加限制性条件通过的 24 个案例来进行，因为这是我们了解商务部在审查过程中都做过哪些事情的唯一官方途径，重点将集中在商务部采取的合并救济措施上。

（二）执法对象

并购反垄断审查是不区分境内企业并购还是外资并购的，只要符合申报标准，就必须向商务部反垄断局进行申报，接受商务部反垄断局的反垄断审查。但是，正如前文所言，发展中国家对跨国并购，尤其是外资企业并购国内民族企业反垄断审查更加关注，从 24 个案件的申报主体来看，申报者大多数涉及外国企业，具有涉外因素的并购有 23 个，跨国并购案件占了 14 个（见下表一）。

表一　并购申报方的国籍问题

都是中国境内企业	神华案
有中国企业也有外国企业（跨国并购）	沃尔玛案 科力远案
都属于境外同一国籍	通用案、辉瑞案、松下案、乌拉尔案、汉高案、谷歌案、联合技术案、联发科技案、赛默飞世尔案

〔1〕《中华人民共和国商务部公告 2014 年第 49 号》，载 http://fldj.mofcom.gov.cn/article/ztxx/201407/20140700648291.shtml，最后访问日期：2015 年 3 月 5 日。

续表

都是中国境内企业	神华案
申报方属于境外两个国籍（跨国并购）	英博案、三菱案、诺华案、佩内洛普案、希捷案 西部数据案、诺基亚案、嘉能可案、安谋案 丸红案、百特案、默克案

（三）做出附加限制性条件决定的时间

从24起案件附加限制性条件所处的阶段来看，在初步审查阶段，商务部反垄断局作出附加限制性条件的有2起，在进一步审查阶段中，作出决定的有6起，在进一步审查阶段的延长期限内作出决定的有16起（见下表二）。这其中，通用案的效率最高，从并购方申报到附加限制性条件的作出仅41天，反垄断审查时间仅为28天，而且该案的限制性条件还非常复杂。此外，还有四个案件比较特殊，西部数据、嘉能可、丸红以及联发科技案都历经两次反垄断审查申报。在第一次反垄断审查申报中，经过初步审查程序、进一步审查程序及其延长期限程序，申报方提出的合并救济措施仍然不能消除商务部的竞争关注，申报方提出撤回申报的申请，获得商务部批准。这些交易在第二次申报时，才重新获得批准。这四个案件的第二次申报中，西部数据案中，商务部在进一步审查阶段做出了附加限制性条件的决定，其他三个案件都是在进一步审查阶段的延长期限内做出的附加限制性条件决定。

表二　作出附加限制性条件所处的审查阶段

审查阶段	案件名称
初步审查阶段	英博案、通用案

续表

审查阶段	案件名称
进一步审查阶段	三菱案、辉瑞案、诺华案、乌拉尔案、佩内诺普案、西部数据案
延长审查阶段	松下案、神华案、希捷案、汉高案、谷歌案、联合技术案、沃尔玛案、安谋案、嘉能可案、丸红案、美国百特案、联发科技案、赛默飞世尔案、诺基亚案、默克案、科力远案

（四）合并救济措施的类型

在商务部附加限制性条件的 24 个案件中，有 15 个案件只使用了行为性救济措施，3 个案件使用了结构性救济措施。其余 6 个混合性救济措施（见下表三）。因此，从整体来看，行为性救济措施是我国商务部反垄断局最爱采用的救济措施。

表三　商务部做出的附加限制性条件决定中的条件类型

限制性条件类型	案例
结构性救济措施	佩内洛普案、辉瑞案、联合技术案
行为性救济措施	英博案、通用案、诺华案、乌拉尔案、神华案、希捷案、汉高案、谷歌案、沃尔玛案、安谋案、丸红案、联发科技案、微软案、默克案、科力远案
混合性救济措施	三菱案、松下案、西部数据案、嘉能可案、百特案、赛默飞世尔案、

1. 结构性救济措施

（1）典型的结构性救济措施。剥离独立的业务或资产是典型的结构性救济措施，在辉瑞案中，商务部要求辉瑞剥离在中国大陆地区品牌为 Respisure 及 Respisure One 的猪支原体肺炎疫苗业务，并且规定了剥离资产的范围以及剥离期限、过渡期内的资产保值义务以及辅助经营义务。在松下并购三洋一案中，关于硬币型锂二次电池，商务部要求剥离三洋公司目前全部的硬币型锂二次电池业务以及应购买方要求的配套设施及知识产权等；关于民用镍氢电池，要求三洋将其在日本的民用镍氢电池业务转让给独立的第三方，并将其在江苏的Sub-C·D型电池通过OEM形式供应给该购买方，或者松下将其在江苏工厂的民用镍氢电池业务转让给购买方。

（2）非典型结构性救济措施。如果参与并购的企业与第三方主体，特别是竞争对手之间的特定联系会导致并购交易产生严重的反竞争效果，可能就需要剥离参与并购的企业所持有的其他企业的股份，来消除它们之间的联系。当并购企业持有竞争对手的少数股份而获得的经济利益本身不会导致竞争问题时，反垄断执法机构可能同意并购企业在保留其股份、继续享受相关经济利益的前提下，放弃董事会席位、否决权等股东权利。[1] 在松下案中，商务部在审查决定中，要求松下公司对PEVE的出资比例从40%降到19.5%，这样，松下所持有的少数股份不会导致产生竞争问题。商务部进一步要求松下放弃在PEVE股东大会的表决权、董事委派权，关于车用镍氢电池业务的否决权。在佩内洛普有限责任公司收购萨维奥纺织机械股份有限公司一案中也是如此，商务部附加的限制性条件为，要求Alpha V的最终控制实体Apef 5自商务部作出审查决定起6个月内将其持有乌斯特的股份转让给独立第三方。

---

〔1〕 韩伟：《经营者集中附条件法律问题研究》，法律出版社2013年版，第60页。

2. 行为性救济措施

（1）典型的行为性救济措施。

第一，开放承诺。在安谋案中，商务部决定：①交易完成后，安谋及时发布基于其应用处理器 TrustZone 技术之上研发 TEE 所必需的安全监控代码及其他信息；②安谋公司不得通过对自有知识产权的特殊设计降低第三方 TEE 的性能。

第二，非歧视条款。在汉高香港控股与天德化工控股并购案中，商务部决定，天德应基于公允、合理和不歧视的原则，向下游所有客户供应氰乙酸乙酯。

第三，防火墙条款，在西部数据收购日立存储一案中，商务部要求，集中完成后，在相关市场上维持 Viviti 公司[1]的独立性，包括 Viviti 公司维持独立的法人地位并独立开展业务；继续使用既有的生产线、销售团队、品牌等开展业务；西部数据和 Viviti 公司应各自维持相互独立的研发机构。为确保实现上述目标，西部数据和 Viviti 公司应当事先制定保障措施，特别是双方应当建立防火墙，确保双方不会交换竞争性信息[2]。

第四，终止、修改或禁止特定合同。在商务部通过的诺华股份公司收购爱尔康公司一案中，关于隐形眼镜护理产品，在审查决定生效起 12 个月内，诺华终止上海视康与海昌之间的销售和分销协议，且在一周内向商务部汇报承诺履行的情况。

---

〔1〕 在本案中，Viviti 是日立公司的全资子公司，根据西部数据、西部数据爱尔兰公司（西部数据全资子公司）、日立公司和 Viviti Technologies Ltd.（日立公司全资子公司，以下简称 Viviti 公司）签署的《股权购买协议》，西部数据将收购 Viviti 公司全部股权。

〔2〕 竞争性信息是指任何可能导致竞争者之间协调彼此经营行为的信息，特别是任何有关产品成本、价格、产量、客户、竞标等方面的信息。

第五，不作为条款。在英博集团公司收购 AB 公司中，商务部要求英博公司履行不得增加在青岛啤酒和珠江啤酒公司的现有持股比率，也不得去获取华润雪花和北京燕京的股份。[1]

（2）中国特色的行为性救济措施。商务部除了使用上述典型的行为性救济措施之外，也采用了很多具有中国特色的行为性救济措施，这些救济措施带有非常浓重的政府干预市场的因素。

第一，禁止特定市场行为。在沃尔玛案中，商务部的审查决定中规定的三项义务，后两项义务都是以商务部禁止特定市场行为的形式表现的：①钮海（上海）不得利用自身网络平台为其他并购方提供网络服务，除非取得增值电信业务许可；②沃尔玛公司不得通过 VIE 架构从事增值电信业务。

第二，供应与服务水平承诺。在乌拉尔案中，商务部要求①合并后的公司应保持目前的销售惯例（直接贸易、铁路和海运），继续向中国市场销售氯化钾；②为中国市场提供种类齐全和数量充足的氯化钾产品；③合并后的公司应维持惯常的协商程序，根据中国市场和客户的状况，协商价款和付款方式。

第三，禁止市场扩张。比如在英博案附加的限制性条件，要求英博公司履行不得增在青岛啤酒和珠江啤酒公司的现有持股比率，也不得去获取华润雪花和北京燕京的股份。这可以被理解为不作为条款，但是也是禁止英博集团市场扩张，因为一旦英博通过增加股份对其他的啤酒公司形成了控制性影响，那么在生产经营决策时，肯定会变相地为英博扩张市场铺路。在三菱案中，未

〔1〕 刘武朝：《经营者集中附加限制性条件制度研究——类型、选择及实施》，中国法制出版社 2014 年版，第 87 页。

经商务部事先批准，合并后三菱丽阳公司未来五年不再收购也不再建新厂。

（五）合并救济措施的商谈和确定

在商务部附加限制性条件的公告中，除了英博案和辉瑞案外，都有一个专门的小节“附加限制性条件的商谈”。商务部收到申报方提交的限制性条件建议后，与并购申报人进行反复磋商，并且通过多种形式与行业协会、政府、竞争者等进行沟通，最后将限制性条件确定下来，如果并购申报人提交的最终方案仍然没法消除商务部的竞争关注，商务部只能作出禁止并购的决定。

在一些案件中，商务部附加了与其他国家或地区反垄断执法机构类似的条件，如安谋案中，商务部附加的条件就与欧盟委员会对该并购附加的条件基本一致。值得注意的是，在同时向多个国家的反垄断执法机构申报的案件中，商务部也表现了独立性，这体现在结合中国的特殊国情，对一些并购交易附加了不同于别的国家反垄断执法机构的条件，甚至这些交易在别的国家是无条件通过的。比如，在通用案中，由于美国和欧盟认为其不会在上游市场或下游市场导致企业的市场支配地位，所以美国和欧盟都无条件通过该并购交易，但是，商务部认定该并购可能导致严重的反竞争效果，因而作出了附加限制性条件的决定。[1] 最新的一个类似的案件是马士基、地中海航运、达飞设立网络中心经营者集中，美国已经无条件批准，欧盟也表示不会对其提起限制竞争协议方面的调查，但我国商务部于 2014 年 6 月 7 日作出了禁

〔1〕 韩伟：《经营者集中附条件法律问题研究》，法律出版社 2013 年版，第 220 页。

止并购的决定。

（六）合并救济措施的实施

1. 结构性救济措施的实施

对于剥离资产的范围，商务部一般都已经作出了明确的规定，甚至在三菱案中规定，如果璐彩特不能在5年内完成50%的年产能剥离，商务部有权将璐彩特公司100%的股权进行剥离，这也可以理解为是资产剥离中的皇冠明珠条款。

对于资产剥离的方式，辉瑞一案中没有自行剥离阶段，直接要求辉瑞公司在6个月内通过受托人完成资产剥离，否则，商务部有权指定新的受托人以无底价方式处置被剥离业务。其他案件有的明确规定了如果在规定的自行剥离期限内无法完成资产剥离，商务部有权指定受托人以无底价的方式剥离资产；有的只规定了剥离义务人有义务进行资产剥离，没有规定受托剥离。

关于资产自行剥离的期限，三菱案、松下案是要求在并购交易完成后的6个月内完成自行剥离，辉瑞案、佩内洛普案、西部数据案、联合技术案、嘉能可案则是要求在商务部的决定公告之日起6个月内完成自行剥离，有特殊情况经申请获批可以延长，最长不超过9个月。关于资产受托剥离的期限，联合技术案规定，如果剥离义务人在自行剥离阶段没有找到购买人并签定协议，则商务部有权指定剥离受托人在3个月内以无底价方式完成资产剥离。其他没有规定的，则按照《附加限制性条件的规定（试行）》的相关规定执行。

就资产剥离中的监督受托人而言，佩内洛普案中，商务部要求Alpha V的最终控制实体Apef 5委托独立的监督受托人对转让股份进行监督；西部数据案、联合技术案等案件的附加限制性条件决定中都有关于资产剥离监督受托人的相关条款；三菱案、辉瑞案以及松下案则没有要求设置资产剥离监督受托人。

2. 行为性救济措施的实施

行为性救济措施的实施中，最关键的是商务部和监督受托人的监督。英博案、通用案以及神华案没有要求设置监督受托人，因此采取的是商务部直接监督的方式。在英博案中，商务部规定，如果英博集团可能违反承诺中的任何一条，必须及时向商务部申报。这是因为，英博集团违背任何一个承诺，增持或者购买其他啤酒公司的股份，都是在实行新的并购行为，当然必须向反垄断执法机构申报，因此从严格意义上说，本条不能算行为性救济措施的监督程序。神华案中则规定，商务部有权对上述限制性条件的实施进行监督检查。其他案件则或者要求交易方委托独立的监督受托人对申报方履行承诺的情况进行监督，或者是规定了监督受托人，同时也规定了并购方向商务部报告承诺的履行情况。

（七）合并救济措施的变更

希捷案中，商务部附加的合并救济措施规定，商务部审查决定实行 12 个月后，希捷公司可以申请解除第一、二项义务，并且提供明确的理由和证据，商务部将根据当时的市场竞争状况决定是否解除希捷公司这两项义务。西部数据案中，商务部在审查决定也规定了西部数据在执行该决定 24 个月后可以申请解除部分义务。在谷歌案、安谋案中也有类似规定，只是申请解除部分承诺的时间起点不同，这也体现了商务部反垄断执法机构是依照每个案件的具体情形作出的决定，商务部审查变更申请的唯一标准是当时的市场竞争情况，而不是合并救济措施已经执行了多久。

2014 年 12 月 1 日，商务部收到谷歌公司关于确认解除商务部 2012 年第 25 号公告第 2 项义务〔1〕的申请。申请的理由是，2014 年 10 月 30 日，联想完成对摩托罗拉移动的收购，谷歌不再控制摩托罗拉。基于上述事实，根据商务部 2012 年第 25 号公告，商务部决定同意谷歌申请，确认商务部 2012 年第 25 号公告第 2 项义务解除，其余内容继续有效。〔2〕这是我国商务部作出的第一个解除反垄断决定附加的限制性条件的公告，标志着合并救济措施复审制度在我国正在逐步落实。

三、小结

经历了短短 8 年的发展，我国已经基本建立了跨国并购反垄断审查中合并救济制度的立法和执法体系。立法方面，既包括基本法《反垄断法》，也包括部门规章《经营者集中审查办法》以及《附加限制性条件的规定（试行）》。《附加限制性条件的规定（试行）》是我国关于合并救济制度的最新立法，其在继承以往法条中关于合并救济措施的基本规定的基础上，提出了“买方先行”“皇冠明珠条款”“合并救济措施的变更条款”等规定，这

〔1〕 第二项义务的具体内容是：谷歌应当在安卓平台方面以非歧视的方式对待所有原始设备制造商。本项义务仅适用于已经同意不对安卓平台进行分化或衍生的原始设备制造商。本项义务不适用于谷歌提供、许可或分销与安卓平台相关的产品和服务（包括但不限于在安卓平台上运行的应用程序）的方式。

〔2〕《商务部公告 2015 年第 2 号：关于解除谷歌收购摩托罗拉案部分义务的公告》，载 http://fldj. mofcom. gov. cn/article/ztxx/201501/20150100862331. shtml，最后访问日期：2015 年 2 月 2 日。

不能不说是对合并救济制度的极大完善。在执法方面，我国商务部厚积薄发，截至2014年12月31日，中国商务部共受理了990个并购申报案件，其中，无条件批准的并购案件有964件，禁止并购2件，其余的24件为附加限制性条件通过。但是，由于执法时间还不是特别长、缺乏丰富的经验、合并救济措施的确定和执行具有很大的自由裁量权，以及包含很多的经济分析，因此也显现了很多不足，这将在下节中详细论述。

第二节　对中国跨国并购反垄断审查中合并救济制度之立法与执法反思

一、立法方面

（一）部分内容仍然缺失或者不适当

由于行为性救济措施具有开放性，各个国家的立法规定相对较少，而是由反垄断执法机构根据具体的案件的情形作出适合的行为性救济措施。但是我国对于行为性救济措施的立法几乎处在完全空白的状态，这也是很不可取的。对于资产剥离，虽然我国已经建立了相对健全的体系，甚至已经引入了“皇冠剥离”和“购买方先行”的规定，但是对于过渡期的协助经营义务、行为性救济措施实施中并购方与第三人争议解决等都缺乏法律规定。

此外，关于受托人的规定，《附加限制性条件的规定（试行)》要求商务部应当在审查决定中明确是否要求申报方委托受托人及适用的程序。受托人包括监督受托人、剥离受托人，有时还包括单独持有受托人。从前面所论述的受托人制度来看，受托人是为了保障申报人履行承诺而产生的，因此受托人是必须存在的。欧盟委员会关于相关规定的表述是，确定剥离受托人和监督受托人是否由同一人担任，这说明，剥离受托人和监督受托人都是应该存在的。我国相关法律对于监督受托人与剥离受托人是否可以是同一主体，也没有规定。

再如，前面在讲述合并救济措施的性质时就提到，我国《反垄断法》以及其他暂行规定对合并救济措施的性质没有做出规定，这也是一个漏洞。与其他两个反垄断执法机构不同，商务部关于合并救济措施的实施细则中也没有体现其和解契约与和解决定相分离的性质。因此，缺乏对和解契约的公示及接受公众评论的环节，可能对第三人利益和社会公共利益造成损害。

（二）缺乏可操作的法律规定

我国立法的突出问题是，为了尽快完善我国的法律体系，坚持宜粗不宜细的立法理念，法律文本的很多内容只是原则性和宣示性的规定，我国《反垄断法》中对于合并救济制度的规定只有两条原则性规定，为了贯彻落实反垄断法中的合并救济制度，商务部先后出台了《经营者集中审查管理办法》《剥离暂行规定》《附加限制性条件的规定（试行）》，这些操作性的规章的目的就在于使合并救济制度具有可操作性，但是结果却不尽如人意。在后面两个文件中，主要还是涉及了一些概念的解释，例如合并救济措施的种类，剥离义务人，剥离期限等，但是对于如何设计和选择救济措施等具体操作层面的东西仍没有作出规定。

（三）缺乏强有力的法律责任

1. 民事责任规定过于简略

我国2008年《反垄断法》第50条[1]虽然规定了垄断经营者的民事责任，但这一规定很笼统。在关于经营者集中的其他具体规章中，也没有涉及具体的民事责任的承担方式、没有给出具体的赔偿标准、特别是没有规定赔偿责任是采用单倍赔偿还是多倍赔偿、也没有规定举证责任等，因此，在实践中，只能适用一般民事损害赔偿诉讼的相关规定。

2. 行政责任可操作性不强

2008年《反垄断法》中涉及行政责任的是第48条。[2] 第48条规定了责令停止实施并购、限期分拆并购企业，同时可以并处50万元以下的行政罚款。

虽然反垄断行政责任形式多样，但是对具体责任形式的制裁内容与程序规定并不具体，存在实施上的困难。[3] 行政责任是跨国并购中最主要的法律责任，如果经营者已经完成了并购，拆分并购企业是个很难实施的过程，因此，规定高额的罚款是各国反垄断法的重要威慑手段，我国反垄断法规定的50万元的罚款，对于跨国企业来说，根本没有威慑力。[4]

---

〔1〕 经营者实施垄断行为，给他人造成损失的，依法承担民事责任。2022年《反垄断法》第60条。

〔2〕 2022年《反垄断法》第58条，该条将罚款提高至上一年度销售额百分之十以下，或500万元以下。

〔3〕 丁国峰：《反垄断法律责任制度研究》，法律出版社2012年版，第353页。

〔4〕 2022年修正案《反垄断法》已将罚款额增加至销售额的百分之十以下或五百万以下。

3. 刑事责任匮乏

虽然2008年《反垄断法》第52条[1]和54条[2]涉及刑事责任，但是前提条件是构成犯罪，触犯了刑法。这与垄断行为无关。我国刑法中关于垄断行为犯罪的专门条款也相当匮乏，除了第223条的串通投标罪外，没有其他的相应罪名。

（四）立法和执法情况不匹配

通观我国有关合并救济措施的法律法规，关于结构性救济措施的规定占据了几乎所有篇幅，而关于行为性救济措施，在最新的《附加限制性条件的规定（试行）》中，对行为性救济措施的规定是这样的，"其他种类限制性条件的实施，可以比照适用本章有关剥离的相应规定。""其他种类限制性条件义务人的职责、义务、受托人的选择及其职责，可以比照适用本章有关剥离的相应规定。"而在后文论述的我国反垄断执法机构的执法情况中，我们会发现，我国商务部更偏好行为性救济措施。立法指引着实践，实践应该推动立法的健全和完善，我国与合并救济措施相关的立法和实践并没有体现这一点。

二、执法方面

我国是一个法治国家，坚持依法治国，因此商务部对经营者集中的反垄断审查必须立足于相关的法律，由于上述的立法缺陷，商务部在现有的规范性文件里只能找到原则性、方向性的工作指引，因此商务部执法过程也暴露了很多不足。

---

〔1〕 2022年《反垄断法》第62条，已取消了刑事责任相关规定。

〔2〕 2022年《反垄断法》第66、67条。

（一）补充材料的期限

根据 2008 年《反垄断法》第 25 条[1]和 26 条[2]的规定，我国商务部反垄断审查的期限最长为 30+90+60，共 180 天，这里使用的都是日历天数，不是工作日，欧盟的第一阶段和第二阶段的时限规定，都是采用了工作日的规定，更加合理，毕竟反垄断执法机构也只有工作日，才开展工作，尤其碰上几个大假期，这对商务部按期限完成审查工作是非常有难度的。具体说来，就是商务部自收到并购方提交符合规定的材料，正式立案后 30 天内，进行初步审查，确定是否需要进入进一步审查阶段。商务部决定实施进一步审查的，进一步审查的期限为 90 天，符合特殊情况，经书面通知申报方，商务部可以决定延长进一步审查期限，但最长不得超过 60 天。这样的话，一个案件的最长审查期限就只有 180 天。我国商务部还处在并购反垄断执法的初期，很多事情上缺乏经验，那么，商务部是如何确保自己能在审查期限内作出审查决定呢？

从已经做出的 24 个附加限制性条件的案件来看，商务部从立案到作出决定最短期限为 23 天（英博集团收购 AB 公司），最长为 180 天（希捷科技公司收购三星电子有限公司硬盘业务以及谷歌公司收购摩托罗拉移动公司）这都符合法律中期限的规定。但是，案件申报到正式立案之间有一个补充资料阶段。对于这个时间的长短、补充提交资料的次数，《反垄断法》及其他规章中均无限制。我们通过商务部附加限制性条件决定的公告可以看

[1] 2022 年《反垄断法》第 30 条。
[2] 2022 年《反垄断法》第 31 条。

出，商务部十分重视这个时间，在这 24 个案件中，除了第二次申报立即立案外，仅有 2 个案件是申报后立即被受理，其他的补充资料的时间都在一个月以上，最长的间隔时间为 88 天（美国微软公司收购芬兰诺基亚公司），在补充资料提交次数上，有补充一次的，也有补充提交两次的。因此，商务部屡次要求并购申报人补充提交资料后再立案，实际用于审查的时间完全会超过 180 天的限额。（见下图）在这 24 个案件，有 4 个案件是经过二次申报，申报方撤回第一次申报后，再提交了第二次申报，商务部最终做出了附加限制性条件准许并购的决定。由于商务部审查第一次申报时得到的数据资料肯定对第二次申报的审查有联系，因此，下图把第二次正式立案之前的时间都计算在借用的时间内。

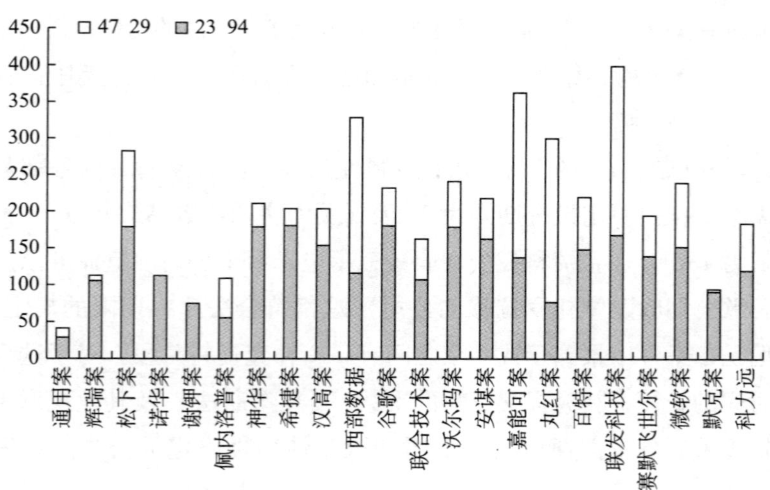

图 1　商务部反垄断审查与借用的时间（蓝色代表审查时间，紫色代表借用的时间）

我国目前已经确立了申报前磋商制度，因此，涉及具体要提交哪些材料，本来是应该在这个阶段就已经完成的。根据欧盟竞争总司的实践经验，如果并购申报材料不完整，一般表明不存在或者只存在有限的预先申报联络。因此，我国商务部频繁要求补充材料，要么是并购申报人没有主动要求申报前磋商，要么是商务部申报前磋商工作做的不够细致。这都要求我国进一步加强关于申报前磋商的立法和宣传工作。

关于延长进一步审查期限，我国法律规定的是，符合特殊情况并且书面通知申报方，商务部就可以决定延长期限。这里，没有规定具体是哪些特殊情况，也无需征得申报方的同意，这实际上也就赋予了商务部对这60天可延长期限的绝对权力。

（二）合并救济措施的设计和选择

1. 过度偏好行为性救济措施

在商务部附加限制性条件的24个案件中，有15个案件只使用了行为性救济措施，3个案件使用了结构性救济措施，其余6个是混合性救济措施。在这6个案件中，日本松下株式会社并购日本三洋电机株式会社，关于硬币型锂二次电池和关于民用镍氢电池完全是适用资产剥离，只有车用镍氢电池是使用了混合性救济措施；嘉能可国际公司收购斯特拉塔公司一案中，铜精矿市场为混合救济措施，其他两个市场为行为性救济措施。因此，从整体来看，行为性救济措施是我国商务部反垄断局最爱采用的救济措施。

例如，乌拉尔案件中，谢钾被乌拉尔吸收合并，这项并购是横向并购，并购双方存在重叠的业务，应该适用结构性救济措施，剥离引起竞争问题的资产或业务，但是对于这项并购，中国商务部只适用了服务和供应承诺的行为性救济措施，而不是结构性救济措施，也没有说明原因。

2. 部分案件中附加的合并救济措施与反竞争效果的关联度不高

反垄断执法机构审查申报方提交的合并救济措施承诺是否有效的判断标准，就是看合并救济措施能否消除反垄断执法机构的竞争关注，合并救济措施的目的也仅仅是恢复或维持相关市场的竞争。但是，我国商务部做出的一些决定中，附加的限制性条件与交易引起的反竞争效果有时并不存在关联性，这也导致外界认为反垄断执法机构在一些案件中考虑了产业政策等非竞争因素。[1] 例如，在三菱案中，商务部认定的相关产品市场是 MMA，但是商务部的决定中附加的合并救济措施中，对该项并购不会产生竞争问题的 PMMA 市场也附加了行为性救济措施。

此外，在很多案件中，尤其是在早些年的时候，商务部的执法经验不足，尤其是分析竞争问题的能力不足，没有对竞争问题进行分析，这也导致附加的限制性条件与交易涉及的反竞争问题之间关联性不高，至少使外界非专业人士觉得关联性不高。比如，在英博案中，商务部的公告由审查程序、审查决定以及附加的限制性条件三部分组成，没有涉及相关市场和市场竞争等问题的分析，而其限制性条件为禁止并购企业并购后增持特定中国啤酒企业的股份，这使得外界认为设置这些限制性条件是为了保护

〔1〕 韩伟:《经营者集中附条件法律问题研究》，法律出版社 2013 年版，第 224 页。

中国的啤酒行业以及相关啤酒企业。

3. 合并救济措施的透明度仍有待提高

合并救济措施的透明度是指救济措施的商谈、有效性评估、救济措施的实施等过程都尽量对社会公开，对除并购当事人以外的竞争对手及客户保持透明。目前，对具体的合并救济措施的描述都非常原则，很难让公众把握合并救济措施的具体要求，不利于社会监督机制的功能发挥。商务部附加的合并救济措施中经常使用“维持惯常的程序”、“尽心尽力”、“一如既往”等抽象和原则性的词汇，而不是严谨的法律词汇。因此，外界很难把握这些限制性条件的具体要求，这使得公告对外界的公示作用大打折扣。[1]

（三）合并救济措施实施的保障措施有待完善

1. 监督机制有待完善

目前，我国商务部非常青睐使用行为性救济措施，行为性救济措施的监督成本很高，而且一般期限都很长，因此，这一问题在我国目前执法资源和执法水平都有限的情形下，显得更为严峻。目前很多附加限制性条件的决定中缺乏监督机制，极大地影响了合并救济措施执行的有效性。

美欧地区，为了确保行为性救济措施的有效执行，反垄断执法机构一般都会要求设置监督受托人，但是诚如上述立法不足中提到的一样，我国反垄断审查决定中没有明确说明设置受托人，例如英博案、通用案以及神华案等。而有一些案件中，即使规定申报人有义务确定监督受托人，对申报人执行合并救济措施承诺

〔1〕 韩伟：《经营者集中附条件法律问题研究》，法律出版社2013年版，第226页。

进行监督，但是并没有明确规定监督受托人的权利和义务，也没有规定违反监督受托人指示的后果。监督机制的缺失，加上申报人本质上缺乏积极执行合并救济措施的动机，使得合并救济措施的执行力大打折扣。

2. 违法责任待明确

从目前24起案件的法律责任设置而言，除了三菱案中规定了具体的责任外[1]，其他的案例中都是原则性规定“当事方如未履行上述义务，商务部将根据《反垄断法》的相关规定做出处理”或者根本没有做出规定。我国2008年《反垄断法》第48条[2]规定了经营者违反反垄断法规定实施并购的法律责任，从文本解释的角度来看，该条仅仅是经营者违反反垄断法规定进行并购的法律责任，并不是并购申报方违反承诺的法律责任，因此，对于申报方不履行承诺的合并救济措施，是否能适用这条规定还存在争议。因此，在不存在相关的明确法律条文之前，商务部应该在反垄断审查决定中明确申报方不履行承诺的法律责任，并且要尽可能的具体和可操作。

（四）对合并救济措施的复审机制重视不够

由于市场环境不断变化，合并救济措施在执行过程中可能需要变更，尤其是行为性救济措施。目前的24起案件中，只有9个案件设置了合并救济措施复审条款，这9个案件分别是希捷

---

〔1〕 独立运营期内，集中双方违反承诺发生重大违反行为，应支付总金额介于人民币25万元和人民币50万元之间的罚款，具体金额由商务部根据相关重大违反行为的性质及其对中国市场竞争的影响决定。

〔2〕 2022年《反垄断法》第58条。

案[1]、西部数据案[2]、谷歌案[3]、安谋案[4]、丸红案[5]、联发科技案[6]、微软案[7]、科力远案[8]、松下案[9]。而欧美

---

〔1〕 本决定实施12个月后，希捷可以向商务部提出解除上述第（一）、（二）项义务的申请。该申请应说明本决定项下附加限制性条件的实施情况和解除上述第（一）、（二）项义务的理由并提供相关证据。商务部将依申请并根据市场竞争状况作出是否解除的决定。

〔2〕 本决定实施24个月后，西部数据可以向商务部提出解除上述第（一）、（二）项义务的申请。该申请应说明本决定项下附加限制性条件的实施情况和解除上述义务的理由并提供相关证据。商务部将依申请并根据市场竞争状况作出是否解除的决定。

〔3〕 对于第（一）项和第（二）项义务，自商务部决定之日起5年内有效。如果市场状况或市场竞争发生变化，则谷歌可以向商务部申请变更或解除此2项义务。如果谷歌不再控制摩托罗拉移动，则此2项义务失效。

〔4〕 安谋公司的上述义务自商务部决定之日起8年内有效。安谋公司应当每年就其遵守上述义务情况向商务部报告。如果外部环境或合营企业发生重大变化，安谋公司可以向商务部申请变更或解除上述义务。

〔5〕 自本决定实施起的24个月期间内，丸红公司应当每6个月就其遵守上述第（一）项义务的情况向商务部和监督受托人报告。24个月期满后，丸红公司可以向商务部提出解除上述第（一）项义务的申请。该申请应说明本决定项下附加限制性条件的实施情况和解除上述义务的理由并提供相关证据。商务部将依申请并根据市场竞争状况做出是否解除的决定。

〔6〕 自本决定生效之日起三年内，联发科技和晨星软件研发每三个月向商务部书面汇报履行义务的进展情况，指定联系人负责与商务部和监督受托人沟通。三年期满后，联发科技和晨星软件研发可以向商务部提出解除“保持晨星软件研发作为独立竞争者的法人地位”相关义务的申请。

〔7〕 除下列情形外，上述承诺自本决定公告之日起至2022年4月8日止八年内有效：

（1）除非商务部同意变更或终止，否则第1段中的承诺将一直有效。

（2）第2（3）段中包含的禁止微软转让特定专利的承诺仅限该段所述有效期内有效。

（3）第5段中包含的承诺自商务部作出决定之日起至2019年4月8日止五年内有效。

（4）若任何时候市场状况或竞争态势发生改变，微软可向商务部申请变更或解除上述承诺的任何一项或全部。

（5）若微软不再控制诺基亚设备和服务业务，则上述承诺将失效。

〔8〕 本决定实施后，如相关市场竞争状况发生变化，当事方可以向商务部提出解除履行上述义务的申请，商务部将根据实际情况作出是否解除的决定。

〔9〕 前述措施应在本次经营者集中完成日之后6个月以内实施完毕，且在三年内对该措施内容不进行任何变更。终止该消除影响措施时，须获得商务部的认可。

国家几乎对所有的行为性救济措施都会设置复审条款。市场在不断的变化，如果市场情况经过一定时间发生很大的变化，比如这些企业在市场的市场势力明显削弱，则此时部分限制性条件可能就没有必要再继续维系，甚至继续维系该合并救济措施对市场有效竞争还会带来负面影响。因此，反垄断执法机构应该更加重视合并救济措施的复审机制。

我国商务部2015年做出了第一个解除谷歌案部分限制性条件的公告，这是一个重大的进步。但是本案的申请理由是联想收购摩托罗拉后，谷歌不再控制摩托罗拉。这是一个直观的变化，不需要进行市场变化的经济分析，因此也比较简单。但是，反垄断执法机构也应该提高职业素质，以解决更为复杂的复审申请。

（五）对第三人利益和公共利益的重视不足，透明度不高

商务部反垄断执法机构做出附加条件批准并购的决定的内容只是反垄断执法机构与并购方进行协商的产物，没有听取利害关系人的意见，也没有将案件的具体情况、并购经营者提出的救济措施等向社会公布，以接受社会评议。公开的目的是维护第三人利益和公共利益。第三人如果认为附加救济措施批准并购的决定将会损害自身利益，可对该决定提出质询，普通公众也可以判断附加的救济措施是否适当。

虽然几乎在所有案件的公告都提到了“审查过程中，商务部征求了相关政府部门、行业协会和相关企业的意见”，但是究竟是通过什么程序、哪些企业被邀请去发表意见、各方分别提出了什么意见、这些意见对反垄断执法机构最终的决定有哪些影响，都不透明。

三、小结

短短8年时间，我国关于合并救济制度的立法和执法已经取得了长足的进步，但是仍然存在很多问题。在立法方面，首先，立法的内容不健全；其次，立法内容过于原则，缺乏可操作的法律规定；再次，没有规定强有力的法律责任；最后，立法和执法情况不太匹配。在执法方面，首先，我国商务部反垄断局为了能在法定期限内完成审查工作，经常采用多次补充资料，在进一步审查阶段即将结束时建议申报方先撤回等方式，变相延长审查期限；其次，与欧美等主流国家的反垄断执法机构更青睐结构性救济措施不同，我国商务部反垄断局频繁使用行为性救济措施；再次，虽然我国已经开始引入复审条款，但是目前的24起案件中，只有7个案件设置了合并救济措施复审条款，这仍然是不够的；最后，我国商务部反垄断局的执法程序仍然不透明，缺乏对第三人利益和公共利益保护的公众评议机制。

第三节　完善我国跨国并购反垄断审查中合并救济制度的建议

一、制定多元的合并救济规范文本

我国长期坚持宜粗不宜细的立法理念，使得众多的法律规定普遍过于原则和粗略，但是，这也是在特定历史环境和现实国情下形成的，而且反垄断执法机构也需要保持一定的自由裁量权和灵活性。这决定了我国与合并救济措施的相关规则没办法达到事无巨细的详细程度。

欧美的反垄断法同样具有上述问题，规范企业并购的基本法律都是原则和宣示性的内容，但同时欧美也开创了很多关于合并救济措施规则的存在形式。我们在研究欧美合并救济措施时，非常重要的一个研究材料称为“指南”。例如，美国司法部与联邦贸易委员会《横向合并指南》、美国司法部反托拉斯局《并购救济指南》。

关于合并救济措施，欧美的反垄断执法机构有一些研究报告或示范文本，这些研究报告或示范文本是由反垄断执法机构发布的，但不是法律规则，没有法律约束力，但是对于指导并购申报人如何申报，如何提交合并救济措施建议，如何推荐受托人等具有非常大的指导作用。而且这种指导性文件就可以做到事无巨细，把所有需要考虑到的都进行探讨和指引，没有篇幅的限制。例如，美国联邦贸易委员会 1999 年的《委员会资产剥离程序研究》，该报告包括了美国联邦贸易委员会 1990-1994 年发布的所有采用剥离救济的决定，该研究报告以经验的方式总结了一些更容易成功的剥离方式，同时描述了剥离程序的动态过程。欧盟委员会竞争总局在 2005 年发布了《合并救济研究报告》，该报告的目的是洞察欧盟委员会在以前案件中已经提议或者接受的合并救济措施，以便能够找到未来需要改善的领域。仅从篇幅来看，该报告长达 233 页，并且配以了非常详细的图表进行解说，非常的直观和具体，而《可接受救济措施通告》只有 23 页的篇幅。

因此，我国反垄断执法机构可以通过更为多元的规则形式去细化合并救济措施规则，比如，基础性、原则性的问题可以通过商务部的部门规章等严格的法律形式来体现，其他具体问题则可以通过办事指南、指导意见、示范文本、常见问题回答等形式去表达。我国2008年《反垄断法》第9条[1]关于国务院反垄断委员会的职责：制定、发布反垄断指南，也给予了制定多样化规则的权力基础。此外，我国也可以建立既往案件的信息跟访制度，及时总结经验、资料和信息，这也是国际经验。美国1999年发布的《委员会资产剥离程序研究》、欧盟委员会竞争总局2005年的《合并救济研究报告》就是基于对以往案件的分析整理，这些研究成果成了并购申报方以及各类研究人员非常重要的参考文件。由于我国从2008年才开始有反垄断法，反垄断执法机构也是原先承担别的职责的行政机构转变过来的，因此，执法资源、执法经验都还很不足，而且承担的反垄断工作特别繁忙，因此，案件信息跟访制度要采用尽量简便的方式进行，如开通执法信息跟踪网络信息平台，与并购申报方、行业协会、竞争者等定期进行电话或邮件沟通。[2]

二、完善立法内容

徒法不足以自行，可是没有法律，或者法律内容缺失更是不行的。我国目前急需完善的主要是两个方面，首先是明确剥离资产的范围，其次是明确申报方违反合并救济措施承诺应该承担的责任。

---

〔1〕 2022年《反垄断法》第12条。

〔2〕 韩伟：《反垄断规则明晰的重要一步——商务部“结构救济”新规略评》，载http://www.iolaw.cssn.cn/zxzp/201007/t20100723_4607256.shtml，最后访问日期：2015年3月3日。

资产剥离的范围非常重要，其在很大程度上决定了是否能找到合适的购买方，以及购买方是否有能力脱离剥离义务人而继续运作。[1] 如果不能明确剥离资产的范围，将不能实现消除反竞争效果的目的。商务部《关于经营者集中附加限制性条件的规定（试行）》第4条是我国目前关于剥离资产范围的唯一法条规定，我们应该在此法条的基础上，进一步明确剥离资产的范围、对剥离资产的要求等内容。我国虽然引入皇冠明珠条款，但是具体怎么实施还缺乏具体的法律规定，亟需完善。

一般情况下，反垄断执法机构附加合并救济措施准许并购的决定做出后，并购申报方可以先完成并购，然后在一定期限内履行合并救济措施承诺，并购方通常没有动力去主动和完全履行他的承诺，那么为促使并购方完全履行其承诺，明确的、严厉的法律责任是必须的。

此外，关于上文说到的反垄断执法机构的审查期限，首先，我国应借鉴欧美国家使用“工作日”标准来计算执法期限；其次，明确补充资料的期限和次数，同时健全我国的申报前磋商程序，保障并购申报尽快进入审查程序；最后，明确进一步审查阶段，商务部可以延长审查期限的特殊事项范围。这三个制度，一方面避免了将节假日也计算在审查期限内，减轻了反垄断审查机构的时间压力，但另一方面，反垄断执法机构可以借用的时间将会缩减。这样有利于提高反垄断执法机构的执法形象，真正做到依法行政。

---

〔1〕 张振华：《资产剥离中的当事人制度研究》，中国政法大学2011年硕士学位论文。

三、加强行为性救济措施立法，建立开放的行为性救济措施体系

（一）健全行为性救济的相关立法，确保行为性救济有法可依

我国立法与商务部反垄断执法实践不匹配。商务部反垄断局大量使用了行为性补救措施，而且未来在一段时间这种情况应该还会持续，但是在立法方面，却都是一句话："其他种类限制性条件的实施，可以比照适用本章有关剥离的相应规定。"虽然行为性救济措施由于其开放性和灵活性很难制定统一的操作规则，但是不同的行为性救济措施仍然存在很多的共通之处，我们必须根据行为性补救措施的特点立法，不能要求特别具体，但是立法完全空白是十分不可取的。

（二）完善行为性救济的相关制度设计

就我国的行为性救济制度的建设而言，应该从以下 4 个方面展开，第一，信息反馈制度，行为性救济措施的监督成本很高，反垄断执法机构在附加救济措施批准并购时，应当规定并购方一定期限的信息反馈义务，要求并购方主动定期或不定期就行为性救济措施的执行情况向反垄断执法机构报告，接受反垄断执法机构的监督和评估；第二，完善的复审机制，由于行为性救济措施的执行期限一般都比较长，而市场是时刻都在变化的，考虑到合并救济措施的目的只是为了维持和恢复市场的竞争，如果行为性救济措施实施一段时间后，相关市场发生了很大变化，并购企业的竞争者获得了绝对的市场支配地位，此时，再要求并购企业执

行之前规定的救济措施就不再是合理的，甚至可能是损害竞争的，因此，应当建立和完善复审机制，允许在市场环境已经发生变化的情况下，反垄断执法机构主动或应并购方的申请，改变合并救济措施；第三，行为性救济措施产业协调机制，行为性救济措施一般都与并购企业所处的产业的特点具有很大的关联性，因此，可以考虑建立一套行为性救济措施的产业协调机制，反垄断执法机构在确定行为性救济措施时，与并购所处的相关产业保持适当的信息沟通与交流，保证行为性救济措施的科学性和有效性；第四，综合监督制度，行为性救济措施的最大不足就是监督成本过高，特别是在我国目前反垄断执法力量和资源有限的情况下，对行为性救济措施的执行进行监督是一项艰难的工作，反垄断执法机构应考虑积极调动社会各界力量，建立一套综合性的行为救济措施监督机制;〔1〕第五，建立行为性救济仲裁机制，由于行为性救济条件的执行比较复杂，而且执行的期限很长，执行过程中并购后企业与其他利益第三方出现争议的可能性很大，为了确保行为性救济措施执行过程中的争议出现后能够快速解决，避免相关市场竞争因争议而受到不当影响，美欧反垄断执法机构都非常看重仲裁机制。

四、充分重视结构性救济措施，谨慎选择行为性救济措施。

从商务部已经公告的 24 个案件中附加的救济措施来看，频繁使用行为性救济条件是我国商务部反垄断执法的一大特色。但是

〔1〕 韩伟：《反垄断规则明晰的重要一步——商务部“结构救济”新规略评》，载 http://www.iolaw.cssn.cn/zxzp/201007/t20100723_4607256.shtml，最后访问日期：2015 年 3 月 3 日。

从美欧等反垄断执法实践成熟的国家来看，结构性救济措施是更有优势，对消除反竞争效果也是更有效的。行为性救济措施的监督成本特别高，只有在结构性救济措施不适用，或者其他几种特殊情况下才可以适用。而且，前面也提到，我国商务部反垄断执法还处在学习的阶段，无论是执法人员的数量还是素质都无法与欧美等国家相比，无法完成长期监督的任务。因此，重视和优先适用结构性救济措施应该成为我们商务部反垄断执法机构的基本准则。

同时，我国应该在学习和借鉴欧美关于结构性救济措施的规定的基础上，进一步细化资产剥离中关于剥离资产、剥离受托人、监督受托人等的规定。

五、壮大我国反垄断执法队伍，提高我国商务部执法人员的执法水平

徒法不足以自行，反垄断执法是关键。但是反垄断执法是要依靠反垄断执法机构的执法人员去完成的，这些人员的数量、素质都将直接影响到商务部反垄断执法水平。

由于反垄断执法需要大量的专业分析，因此，各个国家对执法人员的选任都非常严格，一般为经济、商业管理以及法律等专业人才。为了更好地推动跨国并购反垄断审查执法进程，首先，应该增加反垄断专业执法人员的数量，减少事务性的岗位或者合并事务性岗位；其次，提高执法人员的素质，在选任和聘用时细分专业方向，并且在工作中经常参加各种培训，加强国际交流，提高处理反垄断实务的能力；最后，吸收优质的实习生参与反垄断审查工作，我国公务员系统的编制是有限的，短时间内不可能

配备充足的反垄断专业执法人员，因此，商务部反垄断局可以吸引优秀的实习生参与反垄断审查工作，这些实习生可能不只掌握了反垄断法方面的专业知识，还具备了外语等跨国并购反垄断审查中特别需要的能力，因此能够很好地协助反垄断执法人员完成工作。

六、提高反垄断执法机构实施合并救济制度的透明度，建立回应型的行政执法程序

不同于传统的压制型行政程序，回应型行政程序以统合多方利益为导向，行政相对方和第三方以及公众利益得到充分尊重。在这样一个行政程序中，商谈、妥协、和解等非强制手段得到了充分的运用，行政机构的意志不再是绝对的，行政相对人的意志和利益也获得了法律同样的尊重和对待。行政机构更注重为对方的选择创造机会，主动提供对方无力知晓的信息，并指明大致的行动方向，同时允许行政相对人根据这些信息、方向，结合自己的实际情况，作出自己最满意的选择。通过回应型行政程序，可以吸引行政相对人主动参与到行政执法过程中，这样才能保证行政决定更为顺利执行。

（一）尊重行政相对人和第三人的程序性权利

反垄断执法机构在审查和作出行政决定的过程中，要充分尊重行政相对人和第三人的程序性权利，例如听证程序、讨论磋商程序、申辩程序、信息保密程序、提出异议的程序等。通过赋予行政相对人程序性权利，给予并购申报企业反驳和辩解的机会，能够更快地查明事实，得出合理的结论。引入第三方的参与，也体现了公开、公平、公正的法律原则，而且反垄断审查的经济和法律专

业性决定了要吸引相关行业的专业人士参与，听取其专业意见。[1]

关于听证程序，我国《经营者集中审查办法》第 7 条和第 8 条是有规定的，从这些条款来看，商务部关于是否召开听证会是有很大的自由裁量权的，即使当事人提出要求召开听证会，商务部反垄断执法机构也可以直接拒绝。这样，听证程序可能就被束之高阁了。而且，从第 8 条听证的过程来看，听证会未设辩论程序。[2] 在这点上，欧盟委员会的听证官制度是个很好的借鉴。欧盟的企业并购反垄断审查体系是由并购咨询委员会、竞争总司和听证官构成的。听证官是竞争总司和并购申报方之间的纽带，并购方能在听证官处获得一个平等并充分表达自己观点的机会；并购咨询委员会的成员是各成员国的专家，竞争总司将会充分考虑这些专家发表的意见和建议。而且，听证官的听证记录以及并购咨询委员会的意见都会公开，这也对欧盟竞争总司形成了有效的监督，如果欧盟竞争总司最后的决定与听证记录或者咨询委员会的专家意见是背离的，必然会引起公众的不满和指责。

此外，也可以借鉴欧盟的“三方会议”的做法，在商务部反垄断局认为必要时，召开由反垄断局、并购申报人和与并购有充分利益关系的第三方参加的会议，以便查清调查过程中的有关事实，同时更能保障第三方参与进来，并使他们的观点在整个审查过程中被知晓和关注，提高跨国并购反垄断审查过程的透明

---

〔1〕 綦赞超：《我国合并救济制度研究——以救济程度的构建为着眼点》，中国政法大学 2011 年硕士学位论文。

〔2〕 商务部反垄断局关于《经营者集中申报办法》和《经营者集中审查办法》的解读，载：http://fldj.mofcom.gov.cn/article/j/201001/20100106747363.shtml，最后访问日期：2015 年 3 月 5 日。

度，确保商务部反垄断局、并购方与第三方之间的良好沟通。与并购有充分利益关系的第三方包括客户、供应商、竞争对手、相关企业的行政或者管理机构成员或这些企业被公认的工人代表以及消费者组织。[1]

（二）设置附加限制性条件批准决定作出前的公众评论期

美国联邦贸易委员会关于同意令的程序中，有一个非常重要的步骤，即对同意令协议进行公示并接受评论。当谈判已经结束，各方将按以下顺序签署含有同意令的协议：交易方、签名审查官员以及竞争局局长。委员会通常需要两个星期或者更长的时间对交易进行复审，但是必要时也可能进行的更加迅速。如果委员会批准了同意令协议里的条款，就会公布和解方案，接受公众评论。委员会将会在其网站和联邦文告（Federal Register）上公布以下文件：委员会的起诉书、同意令协议以及一项有助于公众评论的分析。公众评论期为 30 天，在公众评论期内，联邦贸易委员会将接收来自任何人的评论，在决定是否提起诉讼或者是否将该项同意令协议作为最终同意令决定或者是否修改该项同意令协议时都会考虑这些公众评论。在评论期结束后，如果没有收到公众评论，委员会一般会接收同意令协议，如果收到了公众评论，委员会在作出是否结束同意令的决定之前会等待审查官员的建议[2]

[1] See Para34 of DG COMPETITION Best Practice on the conduct of EC merger control proceedings.

[2] 联邦贸易委员会流程指南要求，当存在公众评论时，审查官员在公众评论结束后 30 天内向委员会提交协议。审查官员应提交给委员会一份备忘录：（1）公众评论或观点中是否存在说明同意令协议是不合理或者不充分的事实或考虑，（2）包括适当措施的建议。FTC OPERATING MANUAL at Chapter 6，载：www. ftc. gov/foia/ch06consents. pdf. 最后访问日期：2015 年 3 月 3 日。

如果公众对救济措施的范围和充分性提出了质疑，审查官员可能试图对存在问题的条款进行重新谈判，在极少数情况下，并购方和审查官员会提出具体的改变。根据修改范围的大小，同意令协议可能再次公布以接受公众评论。[1]

我国商务部反垄断执法机构可以借鉴美国联邦贸易委员会的上述做法，在并购经营者提交了合并救济措施后，如果商务部反垄断执法机构认为该救济措施能够消除其关于该并购的竞争关注，打算接受该承诺并据此作出附加限制性条件批准并购的决定。在作出批准决定之前，应在不侵犯商业秘密的前提下，将案件的基本事实、经营者提交的合并救济措施的具体内容等事项公布。利害关系人以及社会公众可以向反垄断执法机构提交意见，反垄断执法机构收到公众意见后，应该进行审查，如果有必要，应召集利害关系人，进行当面审查，并可以要求作出承诺的经营者到场，接受利害关系人的提问。如果承诺的内容确实已经影响了利害关系人的合法权益，那么商务部反垄断执法机构必须采取合理的措施，而不是直接根据合并救济措施协议作出附加限制性条件批准并购的决定。[2]

（三）建立反垄断执法数据库

随着我国反垄断法的实施，反垄断执法的信息披露不足问题在我国逐步凸显出来。就本书主题而言，虽然我国反垄断法规定了禁止或者附加限制性条件批准的并购案件要进行公告，商务部

---

〔1〕美国律师协会反垄断分会编，李之彦、王涛译：《美国并购审查程序暨实务指南》，北京大学出版社 2011 年版，第 263~264 页。

〔2〕焦海涛：《我国经营者承诺制度的适用与完善》，载《当代法学》2012 年第 2 期。

也是依法进行了公告，但是，具体公告哪些内容并没有具体的法律规定。笔者在进行研究时就发现公告中存在很多披露不足之处，例如，并购方的国籍没有介绍，需要笔者挨个企业进行搜索，且很多企业是国际公司，国籍的认定很难。

我国反垄断执法机构应该合理借鉴美国联邦贸易委员会的做法，建立反垄断执法信息库（FTC Competition Enforcement Database）来解决信息披露不足的问题。该数据库不仅详实地披露了美国联邦贸易委员会自1996年以来的所有案件，而且对这些案件根据法律性质、所处行业等标准进行了分类和统计，通过对应的链接，任何人都可以便捷地获取具体案件的非保密版文件内容。我国商务部也应该在其官网上建立反垄断执法信息数据库，详实地披露每个工作年度所查处案件的具体情况。[1]

七、建立反垄断司法审查制度，确立合并救济制度的再救济程序。

2008年《中华人民共和国反垄断法》第53条[2]是我国反垄断司法审查的反垄断法基础，由该条可知，对于商务部反垄断执法机构作出的附加限制性条件批准并购的决定，我国实行的是行政复议前置的程序要求，只有对行政复议结果不服，才能提起行政诉讼。

《反垄断法》和相关的规范性文件没有进一步对并购反垄断审查领域的行政复议和行政诉讼作出进一步说明，那么在实践

---

〔1〕《我国应当建立反垄断执法信息数据库》，载：http://www.competitionlaw.cn/info/1018/9885.htm，最后访问日期：2015年3月3日。

〔2〕 2022年《反垄断法》第65条。

中，只能按照针对一般的行政机构作出的具体行政行为提起的行政复议和行政诉讼来处理。但是，并购审查决定与一般的行政有很大的不同，如果完全使用一般行政复议和行政诉讼的规定，会出现很多问题。因此，我国应该在借鉴欧美反垄断司法审查的立法和实践的基础上，结合中国的反垄断执法实践，探索出具有中国特色的反垄断司法审查制度。

（一）完善反垄断立法，明确司法审查的依据和标准。

具体、明确的法律文本可以为反垄断司法审查提供可靠的、有法律效力的依据和标准。但是，诚如前面已经说过的，我国《反垄断法》都是原则性的规则，这将导致反垄断执法机构的自由裁量权膨胀，而这也将是引发并购申报方要求反垄断司法审查的深层次原因。同时，复议机构和法院在进行反垄断司法审查时将面临着审查依据和标准不明的问题，因此，我国有必要对《反垄断法》加以完善和细化。以第四章经营者集中为例，2008 年《反垄断法》第 27 条[1]第 6 款规定的是反垄断执法机构在审查一项并购对相关市场内竞争的影响时，应当考虑国务院反垄断执法机构认为应当考虑的影响市场竞争的其他因素。“其他”这一表述非常笼统，涵盖面太大。如果反垄断执法机构在反垄断审查中，根据其他这一条款认定了某项并购具有排除或限制竞争的效果而引发了反垄断司法审查，由于《反垄断法》并没有对竞争影响的认定的一般特征进行描述，反垄断执法机构的执法边界不明确，法院在司法审查的过程中就很难判断反垄断执法行为的合法性。法律确实无法穷尽列举审查并购对竞争的影响应该考虑的

[1] 2022 年《反垄断法》第 33 条。

因素，但是可以对影响竞争的因素做出一些限定和描述。

目前，我国商务部反垄断执法机构已经出台了大量的反垄断执法规章，例如《经营者集中审查办法》《关于评估经营者集中竞争影响的暂行规定》《附加限制性条件的规定（试行)》。与《反垄断法》相比，这些部门规章都是对于经营者集中的具体、量化的规定，可操作性强。那么，这些规章能否作为反垄断司法审查的法律渊源呢？答案是肯定的。《中华人民共和国行政诉讼法》第 63 条规定："人民法院审理行政案件，参照规章"，在目前《反垄断法》《行政诉讼法》缺乏相关具体条文情况下，商务部反垄断执法机构的部门规章将予以适用。

此外，法院在明确司法审查的标准方面也可以作出努力。例如，最高人民法院在 2012 年曾经公布了《关于审理因垄断行为引发的民事纠纷案件应用法律若干问题的规定》，这为法院审理反垄断民事案件提供了详细的规则。有鉴于此，最高人民法院可以出台关于反垄断司法审查的司法解释，明确反垄断司法审查的具体规则，也可以在适当的时候发布指导案例，例如 2012 年 4 月 9 日最高人民法院审判委员会公布的指导案例 6 号：黄泽富、何伯琼，何熠诉四川省成都市金堂工商行政处罚案。[1]

---

〔1〕 裁判理由：《中华人民共和国行政处罚法》第四十二条规定："行政机关作出责令停产停业、吊销许可证或者执照、较大数额罚款等行政处罚决定之前，应当告知当事人有要求举行听证的权利。"虽然该条规定没有明确列举"没收财产"，但是该条中的"等"系不完全列举，应当包括与明文列举的"责令停产停业、吊销许可证或者执照、较大数额罚款"类似的其他对相对人权益产生较大影响的行政处罚。为了保证行政相对人充分行使陈述权和申辩权，保障行政处罚决定的合法性和合理性，对没收较大数额财产的行政处罚，也应当根据行政处罚法第四十二条的规定适用听证程序。这里的"等"与前面例证中的"其他"具有异曲同工之效。载：http://www.law-lib.com/law/law_view.asp?id=381083，最后访问日期：2015 年 3 月 4 日。

（二）实行全面审查，有效监督反垄断行政执法

首先，尽管反垄断执法活动具有高度专业性，但是如果以专业性为理由完全排除法院对事实问题的审查，将会导致反垄断司法审查形同虚设，当然，如果反垄断执法机构的决定是有确凿证据证明的，法院可以对事实问题只进行形式审查。我国的法院长期以来都是实行职权主义诉讼模式，随着市场经济的发展以及保护当事人诉讼权利的法制观念的深化，目前虽然淡化了职权主义的影响，但是仍然规定了法院依职权收集、调查证据的权力。因此，反垄断司法审查应该实行事实和法律双重审查。但是，这就涉及我国法官队伍的素质问题。法官在法律的解释和适用方面都是专业人才，因此承担反垄断司法审查的法官还得学习和掌握反垄断的专业知识，这也是为什么美国法院能在反垄断执法中发挥核心作用。美国大法官波斯纳既是法官，更是研究反垄断的专家。此外，法院也可以通过引入专家证人来辅助法院对反垄断事实问题进行审查。

其次，由于反垄断法都存在大量的弹性条款，我国反垄断法更是如此，存在大量原则性的、定性的条文，这赋予了反垄断执法机构巨大的行政自由裁量权，这意味着我国最高权力机关已经对权力配置作出了适当安排，法院不应随便侵入商务部反垄断执法机构的自由裁量空间，但是法院应该保留对行政执法机构行使自由裁量权的合法性和合理性进行审查的权力。

八、加强企业并购反垄断审查领域的国际合作与协调

目前，在国际合作方面，商务部和世界主要国家和地区的反

垄断执法机构签署了一系列的合作文件，使得合并救济措施国际协调的基础日益牢靠。2004 年 5 月，中国和欧盟签署了《中欧竞争政策对话》框架性文件，该对话机制由商务部和欧盟委员会竞争总局牵头，对话可根据需要召开特定的专家会议，探讨双方在竞争立法和执法上的最新观点与发展。2011 年 7 月我国三家反垄断执法机构与美国司法部和联邦贸易委员会签署了《中美反垄断和反托拉斯合作谅解备忘录》。在此基础上，中国商务部代表团 2011 年 11 月在华盛顿与美国司法部和联邦贸易委员会的代表团举行了工作会谈，并就个案合作机制达成一致。双方就并购案件反垄断审查合作指引的内容包括：遵守各自的法律，在职责范围内开展工作；双方就同一案件进行审查时的合作方针和内容；合作过程中的保密义务。〔1〕 2015 年 1 月 14 日，中国与加拿大反垄断工作交流会议在北京举行，双方就未来合作模式、经营者集中重点案例、竞争执法机构与行业管制机构的关系进行了交流。双方还讨论了中加《反垄断合作谅解备忘录》文本草案，在合作范围、合作方式等方面达成共识，并表示将择机签署《反垄断合作谅解备忘录》。〔2〕

九、小结

本节在借鉴欧美等国家合并救济制度的立法和执法经验的基础上，提出了若干条完善我国跨国并购反垄断审查中合并救济制

〔1〕 韩伟：《经营者集中附条件法律问题研究》，法律出版社 2013 年版，第 200 页。

〔2〕《中加反垄断工作交流会议在京举行》，载：http://www.mofcom.gov.cn/article/ae/ai/201401/20140100460369.shtml，最后访问日期：2015 年 3 月 19 日。

度的建议，立法方面，重点就是完善立法内容，尤其是关于行为性救济措施立法，同时制定多元的合并救济规范文本，可以是法律、规章、指南甚至研究报告等。执法方面，首先，我国要充分重视结构性救济措施，其次，要加强反垄断执法队伍的建设；再次，提高反垄断执法的透明度，通过听证制度、建立公众对合并救济措施的评议机制等，保护并购当事人和社会公众利益；最后，建立反垄断司法审查制度，监督反垄断行政执法机构的审查决定，防止行政裁量权过度膨胀；另外，在这个反垄断法域外适用日益频繁的时代中，要加强跨国并购反垄断审查领域的国际协调与合作。但是由于我国目前仍处在该制度发展的初级阶段，要将这些建议落实到实处，仍然需要我们长时间不懈的努力。

第六章　中国跨国并购反垄断审查合并救济措施的后续追踪

合并救济措施中，结构性救济措施（主要是资产剥离）具有即时性，资产剥离短时间就可完成。与此相对，行为性救济措施的期限比较长，需要反垄断执法机构和监督受托人的长期监督。在笔者2015年博士毕业论文中，研究的24个附加限制性条件允许并购的案件中，仅有3个案件是单纯采用结构性救济措施，有15个案件是仅附加了行为性救济措施，有6个案件是混合性救济措施。本部分主要就是追踪这21个跨国并购案件中的行为性救济措施的后续变更（解除）。

截至2023年5月31日，笔者在商务部反垄断局和国家市场监督管理总局反垄断执法二司查找的数据显示，共7个案件中行为性救济措施进行了变更（解除）[1] 笔者接下来将从复审条款

〔1〕 谷歌案：根据商务部2012年第25号公告，商务部决定同意谷歌申请，确认商务部2012年第25号公告第（二）项义务解除，其余内容继续有效。西部数据案：商务部公告2015年第41号关于变更西部数据收购日立存储经营者集中限制性条件的公告，2012年第9号公告同时废止。希捷案：商务部公告2015年第43号关于变更希捷科技公司收购三星电子有限公司硬盘驱动器业务经营者集中限制性条件的公告，2011年第90号公告同时废止。沃尔玛案：商务部决定解除2012年第49号公告附加的限制性条件。汉高案：商务部决定解除2012年第6号公告附加的限制性条件。联发科技案：商务部决定解除《公告》附加的限制性条件。科力远案：市场总局决定解除《公告》施加的限制性条件。

的必要性、行为性救济措施变更（解除）的启动时间、行为性救济措施变更（解除）的程序等方面展开

一、复审条款前置性与行为性救济措施的期限

原附加限制性条件批准并购公告中复审条款的存在是不是启动行为性救济措施变更（解除）申请的前提条件？如果没有复审条款，行为性救济措施可以是无限期的吗？

（一）关于复审条款前置问题

从表一中可以看到，沃尔玛案、汉高案的原并购公告中是不存在复审条款的，联发科技案中仅部分行为性救济措施有复审条款，但商务部根据相关当事人的申请，全面解除了行为性救济措施。我们不禁要问，并购公告中复审条款的存在是不是启动行为性救济措施变更（解除）的前提条件呢？笔者认为不是。复审条款的不是授权性条款，其更多的作用是提醒相关当事人及时履行自己的权利。没有道理说市场竞争已经发生变化了，仍然要苛求当事人继续履行行为性救济措施的义务，这显然是不合理的。当然，凡事讲究师出有名，我国跨国并购反垄断执法机构应该完善自己的工作程序和公文书写，尽可能的在每个附加了行为性救济措施批准并购的公告中都确定合适的复审期限。

（二）关于行为性救济措施的期限问题

从表一中可以看到，仅谷歌案中设置了行为性救济措施的有效期为5年。[1] 其他六个案件中行为性救济措施非经解除，都

〔1〕 谷歌案：对于第（一）项和第（二）项义务，自商务部决定之日起5年内有效。

是无限期的、永久的。这明显是不合理的，市场竞争状况不可能一成不变，因为如果那样，反而说明行为性救济措施是无效的，更应该变更。所以行为性救济措施不应该是永久的。

（三）新变化

2018 年，市场监督管理总局反垄断执法二司从商务部反垄断局手里接过了经营者集中审查的接力棒后，截至 2023 年 7 月 26 日，陆续了发布了 23 个附加限制性条件批准并购的决定的公告。我们可喜的发现，在所有公告中，除了单纯采取结构性救济措施的案件外（2 例），其余 21 个公告中都将合并救济措施的有效期与复审期相结合，要么规定了救济措施的有效期，要么规定了复审期，或者二者结合，真正实现了行为性救济措施的目的（见表二）。国家市场监督管理总局《经营者集中审查规定》第 54 条也明确规定了，审查决定应当规定附加限制性条件的期限。这说明，没有哪个行为性救济措施应该是永久的，这不科学，也不符合市场竞争情况。

表一　行为性救济措施的期限及复审条款

案件名	是否有行为性救济措施的复审条款	复审期限	原行为性救济措施有效期
谷歌案	有	（一）和（二）随时，其他 5 年后	区分不同措施，（一）和（二）两项义务 5 年内有效，其他无限期
西部数据	（一）和（二）两项义务有，其他行为性救济措施没有复审条款	24 个月后	无限期

续表

案件名	是否有行为性救济措施的复审条款	复审期限	原行为性救济措施有效期
希捷案	（一）和（二）两项义务有复审条款，其他行为性救济措施没有复审条款	12 个月后	无限期
沃尔玛案	无		无限期
汉高案	无		无限期
联发科技案	义务（一）有复审条款	3 年后	无限期
科力远案	有	随时	无限期

表二　市场监督管理总局反垄断执法二司附加限制性条件一览表

案件名	合并救济措施的期限	合并救济措施的复审期
迈凌案〔1〕	上述承诺自生效日起 5 年内有效，期限届满自动解除	无
万华案〔2〕		限制性条件自交易交割日起 5 年后，集中后实体可以向市场监管总局提出解除条件的申请。市场监管总局将依申请并根据市场竞争状况作出是否解除的决定。

〔1〕《市场监管总局关于附加限制性条件批准 迈凌公司收购慧荣科技公司股权案 反垄断审查决定的公告》，载 https://www.samr.gov.cn/fldes/tzgg/ftj/art/2023/art_a685ac0dd85647b3898dff75f68fa2c4.html，最后访问日期：2023 年 9 月 8 日。

〔2〕《市场监管总局关于附加限制性条件批准万华化学集团股份有限公司收购烟台巨力精细化工股份有限公司股权案反垄断审查决定的公告》，载 https://www.samr.gov.cn/fldes/tzgg/ftj/art/2023/art_c2b34c8db90d4415a 4025b84a4cf837f.html，最后访问日期：2023 年 9 月 8 日。

续表

案件名	合并救济措施的期限	合并救济措施的复审期
大韩航空案〔1〕	限制性条件自生效日起10年内有效，期限届满自动解除	
上海机场案〔2〕	除第四项承诺外（5年），其他承诺自生效日起8年内有效。	自生效日起8年后，集中后实体可以向市场监管总局提出解除行为性条件的申请
高意案〔3〕	限制性条件自生效日起5年内有效，5年期限届满后将自动终止。	
超威案〔4〕		自生效日起6年后，集中后实体可以向市场监管总局提出解除行为性条件的申请。

〔1〕《市场监管总局关于附加限制性条件批准大韩航空公司收购韩亚航空株式会社股权案反垄断审查决定的公告》，载 https://www.samr.gov.cn/fldes/tzgg/ftj/art/2023/art_a774b134f6a24f918965f05e9333fa82.html，最后访问日期：2013年9月8日。

〔2〕《市场监管总局关于附加限制性条件批准上海机场（集团）有限公司与东方航空物流股份有限公司新设合营企业案反垄断审查决定的公告》，载 https://www.samr.gov.cn/fldes/tzgg/ftj/art/2023/art_b22512c79afb44a8b6e5674 d6d89983b.html，最后访问日期：2023年9月8日。

〔3〕《市场监管总局关于附加限制性条件批准高意股份有限公司收购相干公司股权案反垄断审查决定的公告》，载 https://www.samr.gov.cn/fldes/tzgg/ftj/art/2023/art_84c993b8e2dc4d02b1cea10e36b3f827.html，最后访问日期：2023年9月8日。

〔4〕《市场监管总局关于附加限制性条件批准超威半导体公司收购赛灵思公司股权案反垄断审查决定的公告》，载 https://www.samr.gov.cn/fldes/tzgg/ftj/art/2023/art_e617e2ca632b4743aced14fe1bf34bf0.html，最后访问日期：2023年9月8日。

续表

案件名	合并救济措施的期限	合并救济措施的复审期
环球晶圆案[1]		自生效日起5年后，集中后实体可以向市场监管总局提出解除行为性条件的申请
SK海力士案[2]		限制性条件自生效日起5年后，集中后实体可以向市场监管总局提出解除条件的申请
伊利诺斯案[3]		限制性条件自生效日起5年后，交易双方和集中后实体可以向市场监管总局提出解除条件的申请。
丹佛斯案[4]	资产剥离的结构性救济措施	

〔1〕《市场监管总局关于附加限制性条件批准环球晶圆股份有限公司收购世创股份有限公司股权案反垄断审查决定的公告》，载 https://www.samr.gov.cn/fldes/tzgg/ftj/art/2023/art_a5a2edcb62cf4f7bb0d88c00d477f189.html，最后访问日期：2023年9月8日。

〔2〕《市场监管总局关于附加限制性条件批准SK海力士株式会社收购英特尔公司部分业务案反垄断审查决定的公告》，载 https://www.samr.gov.cn/fldes/tzgg/ftj/art/2023/art_f03608bf1b8042b78705f412e3948588.html，最后访问日期：2023年9月8日。

〔3〕《市场监管总局关于附加限制性条件批准伊利诺斯工具制品有限公司收购美特斯系统公司股权案反垄断审查决定的公告》，载 https://www.samr.gov.cn/fldes/tzgg/ftj/art/2023/art_0b983f57220046afaca4c81a0790842a.html，最后访问日期：2023年9月8日。

〔4〕《市场监管总局关于附加限制性条件批准丹佛斯公司收购伊顿股份有限公司部分业务案反垄断审查决定的公告》，载 https://www.samr.gov.cn/fldes/tzgg/ftj/art/2023/art_1fc4f9bc18da409586242ce686a0d567.html，最后访问日期：2023年9月8日。

续表

案件名	合并救济措施的期限	合并救济措施的复审期
思科案〔1〕	限制性条件自生效日起5年内有效，5年期限届满后将自动终止。	限制性条件自生效日起，如果相关市场的竞争状况发生重大改变，或本次交易的交易双方情况发生重大变更时，集中后实体可向市场监管总局申请变更（解除）该限制性条件。
采埃孚案〔2〕	限制性条件自生效日起6年内有效，6年期限届满后将自动终止。	
英伟达案〔3〕		限制性条件自生效日起6年后，交易双方和集中后实体可以向市场监管总局提出解除条件的申请。
英飞凌案〔4〕	限制性条件自决定公告之日起5年内有效，5年期限届满后将自动终止。	

〔1〕《市场监管总局关于附加限制性条件批准思科系统公司收购阿卡夏通信公司股权案反垄断审查决定的公告》，载 https://www.samr.gov.cn/fldes/tzgg/ftj/art/2023/art_86c761fac76042f9a623ba68979de7ba.html，最后访问日期：2023年9月8日。

〔2〕《市场监管总局关于附加限制性条件批准采埃孚股份公司收购威伯科控股公司股权案反垄断审查决定的公告》，载 https://www.samr.gov.cn/fldes/tzgg/ftj/art/2023/art_dbe96a455431475987d84599ee80705d.html，最后访问日期：2023年9月8日。

〔3〕《市场监管总局关于附加限制性条件批准英伟达公司收购迈络思科技有限公司股权案反垄断审查决定的公告》，载 https://www.samr.gov.cn/fldes/tzgg/ftj/art/2023/art_ba22a1f8adb34bc58fedd66fc5e6c38c.html，最后访问日期：2023年9月8日。

〔4〕《市场监管总局关于附加限制性条件批准英飞凌科技公司收购赛普拉斯半导体公司股权案反垄断审查决定的公告》，载 https://www.samr.gov.cn/fldes/tzgg/ftj/art/2023/art_05564e6330ad4d808d19c391d3f8679c.html，最后访问日期：2023年9月8日。

续表

案件名	合并救济措施的期限	合并救济措施的复审期
丹纳赫案〔1〕	资产剥离结构性救济措施	
诺贝丽斯〔2〕	该限制性条件自生效日起的10年内有效，10年期间届满后将自动终止。	在自生效日起的10年内，如果相关市场的竞争状况发生重大改变，或本次交易的交易双方情况发生重大变更，集中后实体可向市场监管总局申请解除该限制性条件。
浙江花园生物案〔3〕	本决定附加的限制性条件自公告之日起生效，并将于5年后自动解除	如市场竞争状况发生实质性变化，帝斯曼、花园及合营企业可以向市场监管总局申请变更（解除）限制性条件。
高意与菲尼萨案〔4〕		自批准决定公告之日起3年后，集中后实体可以向市场监管总局申请解除上述承诺措施，市场监管总局根据市场竞争状况决定是否解除。

〔1〕《市场监管总局关于附加限制性条件批准丹纳赫公司收购通用电气医疗生命科学生物制药业务案反垄断审查决定的公告》，载 https://www.samr.gov.cn/fldes/tzgg/ftj/art/2023/art_4bef514770804e81b2c3db9f93ccdb66.html，最后访问日期：2023年9月8日。

〔2〕《市场监管总局关于附加限制性条件批准诺贝丽斯公司收购爱励公司股权案反垄断审查决定的公告》，载 https://www.samr.gov.cn/fldes/tzgg/ftj/art/2023/art_88f95e4d0dd94fa98344c608d361015f.html，最后访问日期：2023年9月8日。

〔3〕《市场监管总局关于附加限制性条件批准浙江花园生物高科股份有限公司与皇家帝斯曼有限公司新设合营企业案反垄断审查决定的公告》，载 https://www.samr.gov.cn/fldes/tzgg/ftj/art/2023/art_53911490f46042deb2893378e9c9547e.html，最后访问日期：2023年9月8日。

〔4〕《市场监管总局关于附加限制性条件批准高意股份有限公司收购菲尼萨股份有限公司股权案反垄断审查决定的公告》，载 https://www.samr.gov.cn/fldes/tzgg/ftj/art/2023/art_ee1f5b8bf81445e4929b5fc9cbea9610.html，最后访问日期：2023年9月8日。

续表

案件名	合并救济措施的期限	合并救济措施的复审期
卡哥特科案[1]	相关业务保持相互独立的限制性条件自市场监管总局决定公告之日起2年后自动终止；有关不涨价和不拒绝供货的限制性条件自市场监管总局决定公告之日起5年后不得自动终止，将由市场监管总局根据市场竞争状况决定是否解除。	
科天案[2]	上述限制性条件自生效日起5年内有效，期限届满时终止。	
联合技术与罗克韦尔柯林斯案[3]		行为性承诺自本决定生效日起实施5年后，联合技术、罗克韦尔柯林斯以及交易后的实体可以向市场监管总局申请解除。

[1] 《市场监管总局关于附加限制性条件批准卡哥特科集团收购德瑞斯集团部分业务案反垄断审查决定的公告》，载 https://www.samr.gov.cn/fldes/tzgg/ftj/art/2023/art_a0f9186a3c1e40d288528f4b0c3433f9.html，最后访问日期：2023年9月8日。

[2] 《市场监管总局关于附加限制性条件批准科天公司收购奥宝科技有限公司股权案反垄断审查决定的公告》，载 https://www.samr.gov.cn/fldes/tzgg/ftj/art/2023/art_151b76b3ed9d494d9b33e4076d61a6be.html，最后访问日期：2023年9月8日。

[3] 《市场监管总局关于附加限制性条件批准联合技术公司收购罗克韦尔柯林斯公司股权案反垄断审查决定的公告》，载 https://www.samr.gov.cn/fldes/tzgg/ftj/art/2023/art_16e078c25bc54ca9aa0c604b3a7103b4.html，最后访问日期：2023年9月8日。

续表

案件名	合并救济措施的期限	合并救济措施的复审期
林德案〔1〕		行为性承诺自决定公告之日起5年后，交易双方及集中后实体可以向市场监管总局申请解除。
依视路案〔2〕		自本决定实施5年后，交易双方及集中后实体可以向本执法机构提出解除上述义务的书面申请

二、行为性救济措施变更（解除）的时间

（一）竞争才是判断行为性救济措施变更（解除）时间的金标准

从表一中可以看到，我国目前7个变更了行为性救济措施的案件，行为性救济措施的维持时间都不长，最长的为6年，其余都在2、3年左右。虽然行为性救济措施一般期限都比较长，但也没有规定多长时间是合适的，因此，短时间变更行为性救济措施也是可以的，只要有证据证明相关市场竞争已经发生了实质性变化，解除行为性救济措施不会对竞争造成阻碍，那么就可以变

〔1〕《市场监管总局关于附加限制性条件批准林德集团与普莱克斯公司合并案反垄断审查决定的公告》，载 https://www.samr.gov.cn/fldes/tzgg/ftj/art/2023/art_4239673a4d7b4955b4d8f072ace990f7.html，最后访问日期：2023年9月8日。

〔2〕《市场监管总局关于附加限制性条件批准依视路国际与陆逊梯卡集团合并案反垄断审查决定的公告》，载 https://www.samr.gov.cn/fldes/tzgg/ftj/art/2023/art_b2e6eb66e46f4983987bad9f843a033f.html，最后访问日期：2023年9月8日。

更（解除）行为性救济措施。

（二）变更（解除）行为性救济措施的时间不能与在先公告相违背

通过分析表一，我们可以看到，很多案件并没有规定复审的期限，附加合并救济措施允许并购的决定作出后，如相关市场竞争状况发生变化，当事方可以随时向主管部门提出解除合并救济措施的申请。谷歌案、西部数据案、希捷案、联发科技案的在先公告中规定了复审的时间，我们能看到变更行为性救济措施的申请时间也没有与在先公告相反。

表三　行为性救济措施的做出和变更（解除）时间

案件名	附件限制性条件同意并购决定做出时间	原行为性救济措施有效期	行为性救济措施变更时间	行为性救济措施持续时间
谷歌案	2012. 05. 19	区分不同措施，（一）和（二）两项义务 5 年内有效	2015. 01. 06	约 2 年 6 个月
西部数据	2012. 03. 02	无限期	2015. 10. 19	约 3 年 7 个月
希捷案	2011. 12. 12	无限期	2015. 10. 19	约 3 年 11 个月
沃尔玛案	2012. 08. 13	无限期	2016. 06. 08	约 3 年 10 个月
汉高案	2012. 02. 09	无限期	2018. 02. 01	约 6 年
联发科技案	2013. 08. 26	无限期	2018. 02. 09	约 4 年 5 个月
科力远案	2014. 07. 02	无限期	2020. 04. 23	约 5 年 10 个月

三、行为性救济措施变更（解除）的程序

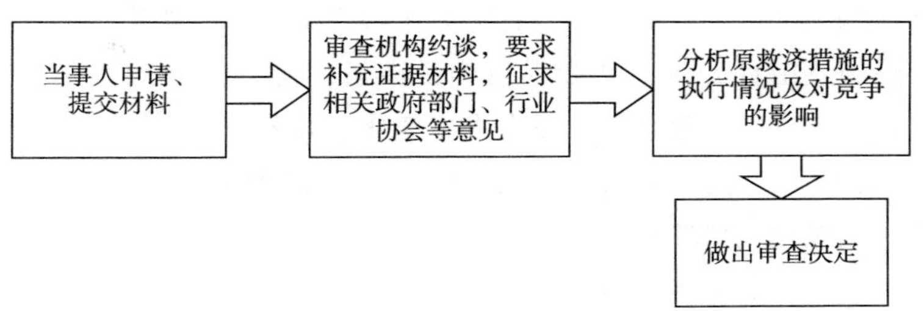

表五 行为性救济措施的变更（解除）程序

（一）启动主体

7个案件中行为性救济措施的变更（解除）都是基于并购当事人的申请，这与我国法律法规的规定是有一定出入的。我国法律法规明确规定了跨国并购反垄断执法机构可以依职权启动变更（解除）行为性救济措施的程序。[1]

笔者认为，反垄断执法机构有权依职权启动变更（解除）行为性救济措施。理由如下：第一，几乎所有的附加限制性条件并购的公告中，都会规定反垄断执法机构有权对合并救济措施的执行进行监督，因此，如果执法机构确实履行了监督义务，其对于行为性救济措施的执行效果是应该了然于心的，其有事实根据

---

〔1〕 商务部《关于经营者集中附加限制性条件的规定》（已于2021年废止）第25条：审查决定生效后，商务部可以对限制性条件进行重新审查，变更或者解除限制性条件。国家市场监督管理总局《经营者集中审查规定》（2023年4月15日开始施行）第55条：审查决定生效期间，市场监管总局可以主动或者应义务人申请对限制性条件进行重新审查，变更或者解除限制性条件。市场监管总局决定变更或者解除限制性条件的，应当及时向社会公布。

依职权启动；第二，行为性救济措施的执行效果无非就是两种：①相关市场竞争状况发生了变化，行为性救济措施是有效的，那在这种情况下，并购当事人肯定会主动申请，要求解除行为性救济措施，给自己减负②如果行为性救济措施的执行效果是无效的，相关市场竞争状况并没有发生变化，并购当事人不可能主动去承担新的行为性救济措施的义务，那这个时候就只能依靠反垄断执法机构去依职权启动了。

（二）工作时间的要求

我国相关法律法规没有工作期限的相关规定，导致每个案件从受理申请到公告的时长差别非常大，当然这与每个案件的复杂程度是有很大关系的，不能苛责反垄断执法机构。但是变更（解除）行为性救济措施的工作程序和方法与经营中集中审查基本类似，也应该比照着《反垄断法》中的经营者集中审查的时间对变更（解除）行为性救济措施各个程序阶段、环节设置明确的期限设计。除此之外，笔者还注意到另一个有趣的问题，除谷歌案（解除义务（一）的理由显而易见，案情简单）外，其他 6 个案例变更（解除）行为性救济措施的工作时长是比附加限制性条件批准并购的工作时长要长的，这说明，变更（解除）行为性救济措施是一个非常复杂的事情，甚至比附加限制性条件批准并购更复杂，尤其是对于市场竞争的分析。因此有必要建立明确的工作时间制度，让当事人有心理预期，避免诟病反垄断执法机构效率低下；当然，也能约束反垄断执法机构迅速执法，以免给当事人造成不合理的负担和损失。

表六　行为性救济措施变更（解除）工作时间

案件名	启动主体	工作时间（受理申请到公告时间）	原附加限制性条件做出的时间
谷歌案	当事人申请，且仅申请解除义务（一）	2014. 12. 01–2015. 01. 06 37 天	2011. 11. 21–2012. 05. 19 约 8 个月
西部数据	当事人申请	2015. 01. 30–2015. 10. 19 约 9 个月	2011. 05. 10–2012. 03. 02 约 10 个月
希捷案	当事人申请	2013. 05–2015. 10. 19 约 29 个月	2011. 06. 13–2011. 12. 12 约 6 个月
沃尔玛案	当事人申请	2015. 07–2016. 06 约 11 个月	2012. 01. 16–2012. 08. 13 约 6 个月
汉高案	当事人申请	2017. 07–018. 02. 01 约 7 个月	2011. 09. 26–2012. 02. 10 约 4 个月
联发科技案	当事人申请	2016. 09–2018. 02. 09 约 17 个月	2012. 09. 04–2013. 08. 27 约 12 个月
科力远案	当事人申请	2019. 09–2020. 04. 24 约 7 个月	2014. 03. 03–2014. 07. 02 约 4 个月

四、变更（解除）行为性救济措施的方式

七个案件中，谷歌案在商务部 2012 年第 25 号公告的复审条款中规定了第（一）项和第（二）项义务可以申请变更（解除）。如果谷歌不再控制摩托罗拉，则此两项义务失效。[1] 谷歌仅申请解除第二项义务，因此商务部也仅宣告解除第一项义务，

〔1〕 对于第（一）项和第（二）项义务，自商务部决定之日起 5 年内有效。如果市场状况或市场竞争发生变化，则谷歌可以向商务部申请变更（解除）此 2 项义务。如果谷歌不再控制摩托罗拉移动，则此 2 项义务失效。

其他内容继续有效。沃尔玛案、汉高案、联发科技案和科力远案中，反垄断执法机构完全解除了原合并救济措施。西部数据案在2012年第9号公告的复审条款中规定了西部数据可以向商务部提出解除（一）和（二）项义务的申请，西部数据提出的申请也是解除这两项义务。商务部经过竞争分析，解除了第二项义务。针对第一项义务，解除生产、研发等方面的保持独立义务，继续保持品牌和销售独立，其他义务照旧。但公告宣告了原公告的废止，我们也可以理解为是创设了新的合并救济措施，新的合并救济措施自公告发布之日起2年内终止，当事人也可以在期限届满前向商务部提出解除申请。希捷案2011年第90号公告的复审条款规定了希捷可以向商务部提出解除（一）和（二）项义务的申请，希捷公司也据此提出了解除这两项义务的申请。商务部公告解除了2011年第90号公告第（一）、（二）项义务，同时要求希捷继续履行其他尚未履行完毕的义务，同时废止了2011年第90号公告。新的合并救济措施自公告发布之日起2年内终止，当事人也可以在期限届满前向商务部提出解除申请。这两个案件比较特殊，并没有给并购方施加新的合并救济措施，都是解除了部分合并救济措施，但都宣告了在先公告废止。谷歌案也是解除了部分行为性救济措施，但维持了原公告的有效。对于这点，笔者没有找到合理化理由。

表七　行为性救济措施变更（解除）类别

案件名	变更的类别
谷歌案	解除部分行为性救济措施（解除商务部2012年第25号公告第（二）项义务），维持原公告有效性

续表

案件名	变更的类别
谷歌案	解除部分行为性救济措施（解除商务部 2012 年第 25 号公告第（二）项义务），维持原公告有效性
西部数据案	解除部分行为性救济措施（解除生产、研发等方面的保持独立义务，继续保持品牌和销售独立，同时继续履行其他义务），原公告废止
希捷案	解除部分行为性救济措施（解除 2011 年第 90 号公告第（一）、（二）项义务，同时要求希捷继续履行其他尚未履行完毕的义务），原公告废止
沃尔玛案	全面解除
汉高案	全面解除
联发科技案	全面解除
科力远案	全面解除

小　结

笔者的博士论文于 2015 年 3 月 31 日提交，迄今已有 9 年多了，跨国并购反垄断审查机构也由商务部反垄断局变更为国家市场监督管理总局反垄断执法二司，可以说是发生了很大变化。笔者通过前述分析，既有可喜收获，也仍然看到了很多不足。可喜的是国家市场监督管理总局反垄断执法二司在附加限制性条件批准并购公告中有复审条款或者合并救济措施期限条款；不足有四：第一，相对比附加限制性条件批准并购，变更（解除）行为性救济措施的工作程序没有官方程序，上图是笔者自己根据公

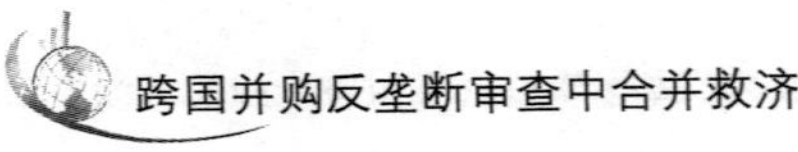

告总结出来的。第二，行为性救济措施的变更（解除）的工作时间是没有强制性规定的。第三，行为性救济措施的变更（解除）程序仅由当事人申请而启动，反垄断执法机构不依职权启动。最后一点，虽然与行为性救济措施的变更（解除）无关，但笔者仍然要说一下，通过表二，我们可以看到，反垄断执法二司附加限制性条件批准并购的 23 个案件中，仅有两个案件是单纯使用了结构性救济措施，这说明，我国仍然偏好行为性救济措施。其中的弊端我们之前的行文中已经讲过了。

结　语

跨国并购是企业发展壮大的一个重要途径，对跨国并购进行反垄断审查是各国反垄断执法机构的三大执法任务之一。在反垄断审查过程中，并购申报人可以主动提出合并救济方案，以消除反垄断执法机构的竞争关注，使并购获得批准。合并救济制度是有效平衡跨国并购导致的规模经济效率与市场有效竞争的重要手段。

本书在综合了欧美各国的合并救济制度的相关法律文献、相关国际组织的研究报告以及很多专家学者的研究成果的基础上，对合并救济制度的理论及实施程序进行了系统梳理，并分析了反垄断司法审查与反垄断国际协调与合作这两个与合并救济制度关联度很高的问题，最后，对中国跨国并购反垄断审查中合并救济制度的立法和执法概况进行了梳理、分析并提出完善的建议。

合并救济措施，是指在跨国并购反垄断审查中，为了消除反垄断执法机构对并购交易的竞争关注，由并购申报方向反垄断执法机构提出的消除并购所造成的反竞争效果的解决方法，与合并救济措施相关的一系列规定，共同构成了合并救济制度。合并救济制度，是反垄断执法和解制度在跨国并购反垄断审查中的具体运用，兼具了强制性和契约自由的双重特征。首先，合并救济制度能够实现规模经济与保障市场有效竞争的双重目的；其次，合并救济制度能够很好地兼顾执法公平和执法效率；最后，达到并购反垄断审查申报标准的并购案件一般交易金额也很高，因此之前寻找并购目标，资产评估等费用都是很高的，一旦并购被禁止，这些准备工作都会被浪费，而且还涉及机会成本的丧失，合并救济制度能够推动跨国并购的成功，使并购申报人避免遭受损失。

关于合并救济程序的启动，一般是由并购申报方主动提出，在申报阶段、初步审查阶段、实质性审查阶段都可以提出。合并救济措施一般只能通过书面形式提出，而且必须在合理的期限内向反垄断执法机构提交符合规定的书面材料。

合并救济措施主要是两大类，结构性救济措施以及行为性救济措施。有时候，这两种救济措施需要同时使用，也称为混合性救济措施。结构性救济措施通常直接称之为资产剥离，包括剥离使购买方成为有效、长期竞争者所需的所有资产，剥离一项既存的业务单位，剥离关键的无形资产等。行为性救济措施主要由一些保障竞争者使用并购方拥有的一些关键的资产、原材料或者技术的承诺构成，因此，主要适用于纵向并购交易。行为性救济措施主要包括开放承诺、非歧视条款、防火墙条款等。在设计合并救济措施方案时，结构性救济措施是最受青睐的，它简单、容易执行而且具有确定性。行为性救济措施只有在一些特殊情况下，才是最好的选择。市场测试是反垄断执法机构对并购申报人提交的合并救济方案进行评估最常用的方法，往往采用调查问卷的形式进行，评估标准包括必要性、充分性、有效性等

资产剥离是最重要的合并救济措施，结构性救济措施能够根

本上、从源头上解决并购带来的实质性减少竞争的负面影响，而且一般在一年内都能完成，不需要反垄断执法机构长时间的监督。因此，各国反垄断执法机构都更加青睐资产剥离。资产剥离失败的风险主要是以下三个：首先，剥离义务人总是倾向于提供一个不能完全解决竞争问题的剥离资产包，剥离范围不充分，而且可能在剥离期限内减损剥离资产的价值；其次，剥离义务人建议较弱的买方作为反垄断执法机构的备选购买方；最后，妨碍买方成为新的竞争力量，即使剥离义务人没有故意的妨碍买方行为，也不会在过渡期内协助买方经营。因此，为了避免上述问题，反垄断执法机构必须在合并救济措施中对剥离资产的范围，合格购买方、剥离义务人过渡期内的剥离资产保值义务等进行细致的要求。欧盟竞争总局的《合并救济研究报告》中发现，一些关键因素，例如剥离独立经营的业务，单独持有受托人、监督受托人可以保障资产剥离的有效性。在设计资产剥离方案时，要明确资产剥离的期限，剥离资产的范围、剥离资产的要求、资产剥离中各方当事人的权利和义务等，当市场条件发生了不可预见的变化时，还要变更资产剥离承诺。资产剥离中，资产剥离的范围决定了其在很大程度上决定了是否能找到合适的购买方，以及购买方是否有能力脱离剥离义务人而继续运作。对剥离资产的竞争性和成活性要求则保障了剥离资产被剥离后，可以被培养成一个有竞争力的业务。资产剥离中涉及两种受托人，剥离受托人和监督受托人，这两种受托人的职责不同，但都是为了保障资产剥离迅速、顺利地完成，并且能够实现资产剥离的目标。在剥离的初期，尤其是剥离资产不是独立经营的业务时，合适的购买方往往会缺少一些经营所需的关键因素，为了确保资产剥离的成功，很多国家和地区的反垄断执法机构都会在附救济措施的批准决定中要求剥离义务人在资产剥离后的一个固定期限内向剥离资产购买人提供反垄断执法机构认为必要的相关资源。

芝加哥学派认为规模经济是绝对有效率的，任何剥离都只会损坏经济效率，损害消费者福利，因此，对于并购可能造成的反竞争影响，只能适用行为性救济措施。行为性补救措施是一个开放的体系，没有种类限定，灵活性是其最大的特征。要保障行为性救济措施的有效实施，首先，要确保行为性救济措施具有可执行性，反垄断执法机构要根据并购导致的竞争问题，有针对性地设计行为性救济措施；其次，行为性救济措施的实施效果依赖于反垄断执法机构长期有效的监督，监督的成本很高，因此，指定一个称职的监督受托人是很关键的；再次，由于行为性救济措施的执行比较复杂，执行过程中并购后企业与其他利益第三方出现争议的可能性很大，为了确保行为性救济措施执行过程中的争议出现后能够快速解决，避免相关市场竞争因争议而受到不当影响，应该建立行为性救济措施执行争议的仲裁机制；最后，行为性救济措施的执行期限一般都很长，甚至在十年以上。反垄断执法机构在作出跨国并购反垄断审查决定时，不可能预见到未来所有的情况，所以这类行为性救济措施在将来发生变动的可能性就很大。由于相关市场的环境发生变化，有些承诺可能变得多余或不再是必要的。因此，行为性救济措施中一定要附加复审条款。

反垄断司法审查，即在反垄断领域的司法审查，也可称为司法审查权在反垄断法领域的运用。反垄断司法审查作为一项救济制度，是指有管辖权的法院应行政相对人或有利害关系的第三人的请求，对反垄断执法机构作出的决定或命令进行审查。首先，反垄断司法审查是监督反垄断执法权的必备程序。反垄断执法机构获得了极大的自由裁量权，这有助于其有效率地解决反垄断问题，对反垄断执法机构的执法权必须存在有效的监督和约束机制。从各国实践来看，反垄断执法机构一般都具有很强的独立性，反垄断执法免受其他行政机关的干涉，法院的司法审查是监督和约束反垄断执法机构合理执法的主要机制。其次，反垄断司法审查是维护反垄断执法相对人利益的需要。反垄断执法是由反垄断执法机构主宰的，其与反垄断执法相对人是处于管理与被管理的关系，反垄断执法机构与其执法相对人相比，在财力、物力、人力方面都是处于优势地位的，反垄断执法相对人处于弱势地位，反垄断司法审查通过法院个案审理反垄断执法机构做出的决定，能够为行政执法相对人提供有效的权利救济；最后，反垄断司法审查是司法审查制度的组成部分，但是也必须充分考虑和适应反垄断执法的特点。反垄断执法具有很强的经济分析的特点，这决定了反垄断执法机构的人员可能具有法院所没有的专业性，反垄断司法审查要求法官也具有扎实的经济学基础。从实践中来看，法院在反垄断司法审查的过程中都比较尊重反垄断执法机构的决定权，甚至都有了“橡皮图章”的绰号，这是不可取的，法院应该把握好审查的尺度，以免出现司法权过度干预行政权的问题。在反垄断司法领域，最容易出现司法代替行政执法的是超高定价案件以及经营者集中案件。

由于各国反垄断执法机构都根据效果原则主张本国反垄断法的域外效力，这不可避免地产生了管辖权冲突。管辖权冲突不仅大大增加了并购人的申报以及等待成本，而且由于各个国家的具体审查制度不同，可能导致跨国并购反垄断审查在不同的国家出现不同，甚至绝然相反的审查决定，这不仅会损害并购企业的并购积极性，而且可能升级为国家之间的冲突与矛盾，因此，加强跨国并购反垄断审查的国际协调与合作具有非常重要的意义。当前，美欧的很多反垄断审查标准和程序正在趋同，发展中国家也逐步建立了本国的反垄断法体系，这为跨国并购反垄断审查国际合作与协调奠定了基础。在开展国际协调与合作时，要贯彻礼让原则、透明度原则以及程序中协调与合作原则。在反垄断国际协调与合作方面，欧美起到了表率作用，不仅签订了《反垄断执法的合作协定》，而且在执法实践中也出现了一系列协调合并救济措施的成功案例。

经历了短短 8 年的发展，我国已经基本建立了跨国并购反垄断审查中合并救济制度的立法和执法体系。立法方面，既包括基本法《反垄断法》，也包括部门规章《经营者集中审查办法》以及《附加限制性条件的规定（试行）》。《附加限制性条件的规定（试行）》是我国关于合并救济制度的最新立法，其在继承以往法条中关于合并救济措施的基本规定的基础上，提出了“买方先行”、“皇冠明珠条款”、“合并救济措施的变更条款”等规定，这不能不说是对合并救济制度的极大完善。在执法方面，我国商务部厚积薄发，截至 2014 年 12 月 31 日，中国商务部共受理了 990 个并购申报案件，其中，无条件批准的并购案件有 964 件，禁止并购 2 件，其余的 24 件为附加限制性条件通过。

合并救济制度在中国是个新生事物，因此，立法体系和执法状况都存在很多需要改进的地方。在立法方面，首先，立法的内容不健全；其次，立法内容过于原则，缺乏可操作的法律规定；再次，没有规定强有力的法律责任；最后，立法和执法情况不太匹配。在执法方面，首先，我国商务部反垄断局为了能在法定期限内完成审查工作，经常采用多次补充资料，在进一步审查阶段即将结束时建议申报方先撤回等方式，变相延长审查期限；其次，与欧美等主流国家的反垄断执法机构更青睐结构性救济措施不同，我国商务部反垄断局频繁使用行为性救济措施；再次，我国已经开始引入复审条款，但是目前的 24 起案件中，只有 7 个案件设置了合并救济措施复审条款，这仍然是不够的；最后，我国商务部反垄断局的执法程序仍然不透明，缺乏对第三人利益和公共利益保护的公众评议机制。

为了进一步完善我国跨国并购反垄断审查中合并救济制度，在立法方面，重点就是完善立法内容，尤其是关于行为性救济措施立法，同时制定多元的合并救济规范文本。基础性、原则性的问题可以通过商务部的部门规章等严格的法律形式来体现，其他具体问题则可以通过办事指南、指导意见、示范文本、常见问题回答等形式去表达。在执法方面，首先，我国要充分重视结构性救济措施，从美欧等反垄断执法实践成熟的国家来看，结构性救济措施是更有优势，对消除反竞争效果也是更有效的，前面也提到，我国商务部反垄断执法还处在学习的阶段，无论是执法人员的数量还是素质都无法与欧美等国家相比，无法完成长期监督的任务，因此，重视和优先适用结构性救济措施应该成为我们商务部反垄断执法机构的基本准则；其次，要加强反垄断执法队伍的建设，壮大我国反垄断执法队伍，此外，吸收优质的实习生参与反垄断审查工作，我国公务员系统的编制是有限的，短时间内不可能配备充足的反垄断专业执法人员，因此，商务部反垄断局可以吸引优秀的实习生参与反垄断审查工作，这些实习生可能不只掌握了反垄断法方面的专业知识，还具备了外语等跨国并购反垄断审查中特别需要的能力，因此，能够很好地协助反垄断执法人员完成工作；再次，提高反垄断执法的透明度，通过听证制度、建立公众对合并救济措施的评议机制等，保护并购当事人和社会公众利益，不同于传统的压制型行政程序，回应型行政程序以统合多方利益为导向，行政相对方和第三方以及公众利益得到充分尊重，在这样一个行政程序中，商谈、妥协、和解等非强制手段得到了充分的运用，通过回应型行政程序，可以吸引行政相对人主动参与到行政执法过程中，这样才能保证行政决定的更顺利执行；最后，建立反垄断司法审查制度，监督反垄断行政执法机构的审查决定，防止行政裁量权过度膨胀，我国应该在借鉴欧美反垄断司法审查的立法和实践的基础上，结合中国的反垄断执法实践，探索出具有中国特色的反垄断司法审查制度；此外，在这个反垄断法域外适用日益频繁的时代中，要加强跨国并购反垄断审查领域的国际协调与合作。

跨境并购反垄断审查中合并救济制度是个内涵丰富的制度，其中包含的内容肯定不是本书所能全部囊括的，只能在以后的学习中进一步进行细化和深化研究。

参考文献

一、专著类

[1] 王彦芳：《开放经济条件下企业并购的反垄断规制》，经济科学出版社2012年版。

[2] 韩伟：《经营者集中附条件法律问题研究》，法律出版社2013年版。

[3] 马金城：《跨国并购的效率改进研究》，东北财经大学出版社2006年版。

[4] 包明华：《购并经济学》，中国经济出版社2005年版。

[5] 联合国贸易与发展会议编，冼国明总译校：《2000年世界投资报告：跨国并购与发展》，中国财政经济出版社2001年版。

[6] 罗肇鸿主编：《跨国并购：特点、影响和对策》，中国经济出版社2006年版。

[7] 尚明主编：《企业并购反垄断控制：欧盟及部分成员国立法执法经验》，法律出版社2008年版。

[8] 詹昊：《〈反垄断法〉下的企业并购实务：经营者集中法律解读、案例分析与操作指引》，法律出版社2008年版。

[9] 邱尊社：《公司并购论》，中国书籍出版社2006年版。

[10] 韩立余：《经营者集中救济制度》，高等教育出版社2011年版。

[11] 张穹：《反垄断理论研究》，中国法制出版社2007年版。

[12] 董红霞：《美国欧盟横向并购指南研究》，中国经济出版社2007年版。

[13] 殷继国：《反垄断执法和解制度：国家干预契约化之滥觞》，中国法制出版社2013年版。

[14] [美] 罗斯科·庞德，沈宗灵译：《通过法律的社会控制》，商务印书馆1984年版。

[15] 丁茂中：《经营者集中控制制度中的资产剥离问题研究》，上海社会科学院出版社2013年版。

[16] 刘武朝：《经营者集中附加限制性条件制度研究——类型、选择及实施》，中国法制出版社2014年版。

[17] 丁茂中、林忠：《经营者集中控制制度的理论与实务》，复旦大学出版社2012年版。

[18] 中国注册会计师协会编：《审计》，经济科学出版社2013年版。

[19] 王小梅：《反垄断司法审查的管辖》，社会科学文献出版社2013年版。

[20] 叶建木：《跨境并购：驱动、风险与规制》，经济管理出版社2012年版。

[21] 王晓晔：《企业合并中的反垄断问题》，法律出版社1996年版。

[22] 中国注册会计师协会编：《公司战略与风险管理》，经济科学出版社2013年版。

［23］刘宁元主编：《中外反垄断法实施体制研究》，北京大学出版社 2005 年版。

［24］蒋岩波、喻玲：《反垄断司法制度》，商务印书馆 2012 年版。

［25］丁国峰：《反垄断法律责任制度研究》，法律出版社 2012 年版。

［26］张瑞萍编著：《反垄断诉权保障机制研究》，立信会计出版社 2013 年版。

［27］曾广胜：《跨国并购的新制度经济学分析》，经济科学出版社 2006 年版。

［28］王习农：《跨国并购中的企业和政府》，中国经济出版社 2005 年版。

［29］美国律师协会反垄断分会编，李之彦、王涛译：《美国并购审查程序暨实务指南》，北京大学出版社 2011 年版。

［30］Gorden Blanke，*The Use and Utility of International Arbitration in Merger Remedies*，Europa Law Publishing Groningen，2006.

［31］Stephen Davies and Bruce Lyons，*Mergers and Merger Remedies in the EU：Assessing the Consequences for Competition*，Edward Elgar，c2007.

二、期刊

［1］杨临萍：《反垄断法与司法审查的若干问题》，载《人民司法》2008 年第 5 期。

［2］王华伟：《试析合理性司法审查在我国反垄断法中的运用》，载《中国商界（下半月）》2008 年第 10 期。

［3］杨临萍：《〈反垄断法〉与司法审查的若干问题探讨》，载《东方法学》2008 年第 3 期。

［4］孟雁北：《我国反垄断法司法审查制度构建问题研究》，载《成人高教学刊》2007 年第 5 期。

［5］张东：《经营者集中申报前商谈制度比较研究》，载《比较法研究》2013 年第 5 期。

［6］尚明：《对经营者集中案件实施申报前磋商制度》，载《创新科技》2008 年第 12 期。

［7］方小敏、朱一飞：《欧美企业集中事前申报制度比较研究》，载《环球法律评论》2006 年第 5 期。

［8］饶粤红：《反垄断救济方法的适用分析》，载《经济与社会发展》2004 年第 7 期。

［9］蒋悟真：《反垄断法中的公共利益及其实现》，载《中外法学》2010 年第 4 期。

［10］黄诗斯：《我国现行反垄断执法机构职权错乱之反思——由“电信、联通垄断案”展开》，载《法制与社会》2013 年第 20 期。

［11］王晓晔：《关于我国反垄断执法机构的几个问题》，载《东岳论丛》2007 年第 1 期。

［12］焦海涛：《我国经营者承诺制度的适用与完善》，载《当代法学》2012 年第 2 期。

［13］游钰：《论反垄断执法的司法审查》，载《中国法学》2013 年第 6 期。

［14］金美蓉：《合并救济中剥离资产的选择》，载《法学评论》2014 年第 2 期。

[15] 蔡国华、李林、王艳:《备战反收购——全流通下的反收购策略》，载《首席财务官》2006 年第 10 期。

[16] 刘武朝:《论经营者集中反垄断审查中的“皇冠宝石”制度——兼评〈关于经营者集中附加限制性条件的规定（征求意见稿）〉第 19 条》，载《理论月刊》2014 年第 3 期。

[17] 丁茂中:《论我国反垄断执法的司法审查标准》，载《天水行政学院学报》2007 年第 6 期。

[18] 高丽娜:《浅析反垄断司法解释对我国互联网行业反垄断私人执行的影响——以奇虎起诉腾讯滥用市场支配地位案为视角》，载《法制博览（中旬刊）》2013 年第 3 期。

[19] 刘武朝:《论经营者集中附限制性条件执行争议的仲裁适用》，载《河北法学》2013 年第 10 期。

[20] 韩伟:《企业合并反垄断审查中的行为救济》，载《东方法学》2013 年第 5 期。

[21] 李翔:《论反垄断司法救济的特点与运行模式》，载《经济师》2009 年第 1 期。

[22] 李菁华:《论反垄断法中企业的合并救济制度》，载《研究生法学》2009 年第 1 期。

[23] 韩伟:《合并救济中待剥离资产的选择》，载《北京交通大学学报（社会科学版）》2012 年第 1 期。

[24] 仉晓、马秀文:《企业合并剥离救济制度研究》，载《现代商贸工业》2012 年第 4 期。

[25] 曹志勋:《论可仲裁性的司法审查标准——基于美国反垄断仲裁经验的考察》，载《华东政法大学学报》2012 年第 4 期。

[26] 金美蓉:《欧美反垄断制度中合并救济的一般原则》，

载《国家行政学院学报》2012年第3期。

[27] 韩伟：《美国〈合并救济指南〉的修订及启示》，载《理论探索》2012年第4期。

[28] 李滨：《从欧盟反托拉斯规则的司法审查看中国〈反垄断法〉之完善》，载《东方法学》2011年第1期。

[29] 毛德龙、顾芳：《台湾地区反垄断司法审查的概况与启示》，载《科技与法律》2011年第3期。

[30] 韩伟：《合并救济基本原则探析》，载《湖北社会科学》2011年第7期。

[31] 韩伟：《合并救济目的之厘清——基于域外视角的考察》，载《武陵学刊》2011年第4期。

[32] 韩伟：《经合组织2011年合并救济论坛介评》，载《经济法研究》2014年第1期。

[33] 梁雷：《中国海外利益面临的主要威胁与保护对策》，载《时代金融》2012年第21期。

[34] 王晓晔：《巨型跨国合并对反垄断法的挑战》，载《法学研究》1999年第5期。

[35] 丁茂中：《资产剥离机制解决竞争问题的有效性探析》，载《东方法学》2011年第3期。

[36] 谢宝富：《浅析我国立法权限划分的几个问题》，载《国家行政学院学报》2005年第1期。

[37] 丁茂中：《经营者集中控制制度中的资产剥离机制》，载《探索与争鸣》2010年第12期。

[38] 姜伟华：《对法的再认识》，载《水利天地》2009年第1期。

［39］李俊峰：《中国企业合并反垄断审查的展开——对商务部“异议案例”公开信息的研究》，载《国际经贸探索》2010年第9期。

［40］吴长军：《附加限制性条件承认经营者集中案例评析》，载《国际商报》2009年9月29日，第10版。

［41］杨临萍：《反垄断法与司法审查十大焦点》，载《人民法院报》2008年8月1日，第6版。

［42］刘岚：《加强反垄断司法审查 依法保护公平竞争》，载《人民法院报》2008年11月3日，第4版。

［43］韩伟：《经营者集中附加限制性条件法律制度研究》，中国社会科学院研究生院2012年博士学位论文。

［44］疏平：《中美经营者集中附加限制性条件制度比较研究》，安徽大学2014年硕士学位论文。

［45］赵健：《经营者集中附加限制性条件研究》，郑州大学2013年硕士学位论文。

［46］维峰：《经营者集中附加限制性条件规定征求意见》，载《中国工商报》2013年5月14日，第A03版。

［47］安寿辉：《经营者集中的附限制性条件研究》，云南财经大学2011年硕士学位论文。

［48］王峥：《企业合并补救制度研究》，郑州大学2011年硕士学位论文。

［49］朱凤林：《经营者集中审查中的附加限制性条件研究》，南京师范大学2011年硕士学位论文。

［50］步欣：《商务部附加限制性条件批准俄两大钾肥企业合并》，载《国际商报》2011年6月3日，第A6版。

[51] 綦赞超：《我国合并救济制度研究：以救济程序的构建为着眼点》，中国政法大学 2011 年硕士学位论文。

[52] 赵芳：《论合并救济在中国的适用与完善》，中国政法大学 2011 年硕士学位论文。

[53] 李菁华：《反垄断法：企业的合并补救》，中国政法大学 2009 年硕士学位论文。

[54] 王小梅：《反垄断司法审查管辖研究》，中国社会科学院研究生院 2010 年博士学位论文。

[55] 周勇：《我国反垄断司法机制研究》，中国石油大学 2009 年硕士学位论文。

[56] 张冬：《我国反垄断司法审查机制研究》，北京交通大学 2010 年硕士学位论文。

[57] 郑海霞：《经营者集中的反垄断审查程序研究》，海南大学 2010 年硕士学位论文。

[58] 谢一君：《反垄断和解制度研究》，中国政法大学 2011 年硕士学位论文。

[59] 王培：《跨国并购中的反垄断审查：中国、美国、欧盟比较研究》，吉林大学 2013 年硕士学位论文。

[60] 王丽娟：《我国企业合并的反垄断规制研究》，中国石油大学 2009 年硕士学位论文。

[61] 徐祎：《经营者集中反垄断程序审查问题研究》，湖南大学 2010 年硕士学位论文。

[62] 邵宪海：《经营者集中救济措施研究》，华东政法大学 2012 年硕士学位论文。

[63] 焦佳嘉：《企业资产剥离理论研究》，武汉理工大学

2007 年硕士学位论文。

[64] 魏梅:《论滥用市场支配地位的反垄断法规制》，吉林大学 2004 年硕士学位论文。

[65] 张慧杰:《论滥用市场支配地位的反垄断法规制》，河北经贸大学 2013 年硕士学位论文。

[66] 张振华:《资产剥离中的当事人制度研究》，中国政法大学 2011 年硕士学位论文。

[67] 袁日新:《经营者集中救济研究》，辽宁大学 2010 年博士学位论文。

[68] 郝洁:《跨国并购的法律问题研究》，中国政法大学 2006 年博士学位论文。

[69] 廖勤:《企业并购动因、效应和整合比较研究：以思科、联想为例》，苏州大学 2006 年硕士学位论文。

[70] 杨波:《自然垄断行业的有效竞争研究》，重庆大学 2007 年硕士学位论文。

[71] 喻蓉:《经营者集中控制之救济制度研究》，兰州大学 2013 年硕士学位论文。

[72] Logan M. Breed and David J. Michnal, Merger Remedies: The DOJ's New Guide to Old Differences with the FTC, American Bar Association. Reported from antitrust magazine, spring 2005.

[73] Massimo Motta, Michele Polo and Helder Vasconcelos, Merger remedies in the European Union: An overview, THE ANTITRUST BULLETIN: Vol. 52, Nos. 3 & 4/Fall-Winter 2007: 603-631.

[74] Jonas S Breuckner and Thomas Hoehn, Monitoring Compliance with Merger Remedies—The Role of the Monitoring Trustee,

COMPETITION LAW INTERNATIONAL, September, 2010：73-80

[75] Albert A. Foer, Toward Guidelines for Merger Remedies, Case Western Reserve Law Review, 2001, Vol. 52：211-230.

[76] William J. Baer and Ronald C. Redcay, Solving Competition Problems in Merger Control：The Requirements for an Effective Divestiture Remedies, The George Washington Law Review, October/December 2001, Vol69：915-931

[77] John E. Kwoka and Dianal L. Moss, Behavioral merger Remedies：Evaluation and Implications for antitrust enforcement, THE ANTITRUST BULLETIN：Vol. 57, No. 4/Winter 2012：979 - 1 - 1011.

[78] David Balto, Lessons from the Cliton Administration：The Evolving Approach to Merger Remedies, The George Washington Law Review, October/December 2001, Vol 69：952-977

[79] Joe sims and Michael Mcfalls, Negotiated Merger Remedies：How well Do They Solve Competition Problems? October/December 2001, Vol 69：932-951.

三、官方文件

[1] 中华人民共和国反垄断法（2008）。

[2] 国务院关于经营者集中申报标准的规定（2008）。

[3] 经营者集中审查办法（2009）。

[4] 商务部关于经营者集中附加限制性条件的规定（试行）（2014）。

[5] 经营者集中审查规定（2023）。

[6] U. S. Federal Trade Commission, A Study of the Commission's Divestiture Process (1999).

[7] U. S. Federal Trade Commission, Frequently Asked Questions about Merger Consent Order Provisions (2003).

[8] U. S. Federal Trade Commission, Statement of the Federal Trade Commission's Bureau of Competition on Negotiating Merger Remedies (2012).

[9] U. S. Department of Justice, Antitrust Division Policy Guide to Merger Remedies (2004).

[10] U. S. Department of Justice, Antitrust Division Policy Guide to Merger Remedies (2011).

[11] U. S. Department of Justice and the Federal Trade Commission, Horizontal Mergers Guidelines (2010).

[12] DG COMP, European Commission, Best Practices on the Conduct of EC Merger Control Proceedings (2004).

[13] DG COMP, European Commission, Merger Remedies Study (2005).

[14] Commission notice on remedies acceptable under Council Regulation (EC) No 139/2004 and under Commission Regulation (EC) No 802/2004 (2008/C267/01).

[15] Best Practice Guidelines: The Commission's Model Texts for Divestiture Commitments and the Trustee Mandate under the EC Merger Regulation (2013).

[16] Trusree Mandate.

[17] Commitments to the European Commission.

[18] UK Competition Commission, Merger Remedies: Competition Commission Guidelines (2008).

[19] UK Competition Commission, Understanding past merger remedies: report on case study research (2010).

[20] ICN Merger Working Group, Analytical Framework Subgroup, Merger Remedies Review Project (2005).

[21] ICN Annual Conference, Interrelations Between Antitrust and Regulatory Authorities (2004).

[22] OECD, Roundtable on Merger Remedies (2003).

后　记

本书是在笔者博士论文基础上修订完成的，增加了中国跨国并购反垄断审查合并救济措施后续追踪部分，主要是对博士论文中中国商务部反垄断局做出的行为性救济措施的变更（解除）进行分析。在本书的撰写过程中，魏建萍老师进行了实质性参与（实质贡献超过五万字，参与了第六章的撰写，并对整体文稿进行实质性修订）。

9年前，当笔者把跨国并购反垄断审查合并救济措施作为博士毕业论文选题时，商务部反垄断局是负责经营者集中审查的机构，在短短的6年时间里，作出了24起附加限制性条件批准并购的决定，但在论文定稿时，仅做出了一起变更行为性救济措施的决定，而行为性救济措施变更（解除）是合并救济措施一个非常重要的内容，这显然让笔者的论文有点不完整，总觉得还有东西没有写完。这也是为什么这么多年没有出版博士论文。此后很长时间里，笔者也始终关注这一领域中的执法公告，想弥补一下文章的欠缺之处。中途又逢人生大事：结婚和生子，因此，拖到2023年才把最后一部分的撰写提上了日程，此时，跨国并购反垄断审查机构也由商务部反垄断局变更为国家市场监督管理总局反垄断执法二司，发生了很大变化，笔者的后续追踪研究也有一些可喜的收获。

9 年的时间中，除了跨国并购反垄断审查机构的变化，国家的法规也发生了很多的变化。《反垄断法》于 2022 年修订。文中的《经营者集中审查办法》和《关于经营者集中附加限制性条件的规定（试行）》也于 2021 年废止。为了避免读者的误解，本书中的所有法条都以 2015 年前已生效的为准，而不是以本书出版时的生效法条对准。但为了理解的方便，都增加了最新立法对应条款作为脚注。

在此，首先要感谢我的博士生导师许浩明教授，他同时也是我的硕士生导师，是他引我走上学术道路。感谢中国政法大学戴龙教授在博士毕业论文定题目和大纲的时候给予的无私帮助。感谢华东交通大学的张祥志教授在工作岗位给予的帮助，也是他催促着我把博士论文进行补充，出版发表。最后，当然也要感谢我的家人，我的母亲对于我读书的支持，我的爱人和孩子对我工作的理解。

本书的完成，还仅仅是对跨国并购反垄断审查合并救济制度的一些不成熟的思考和感悟，有些观点和建议可能并不恰当，希望各位同仁进行批评和指正，当然，随着国家相关执法实践经验的进一步积累，笔者也会在这个领域积极耕耘，做出更多的研究。

2024 年 5 月 14 日